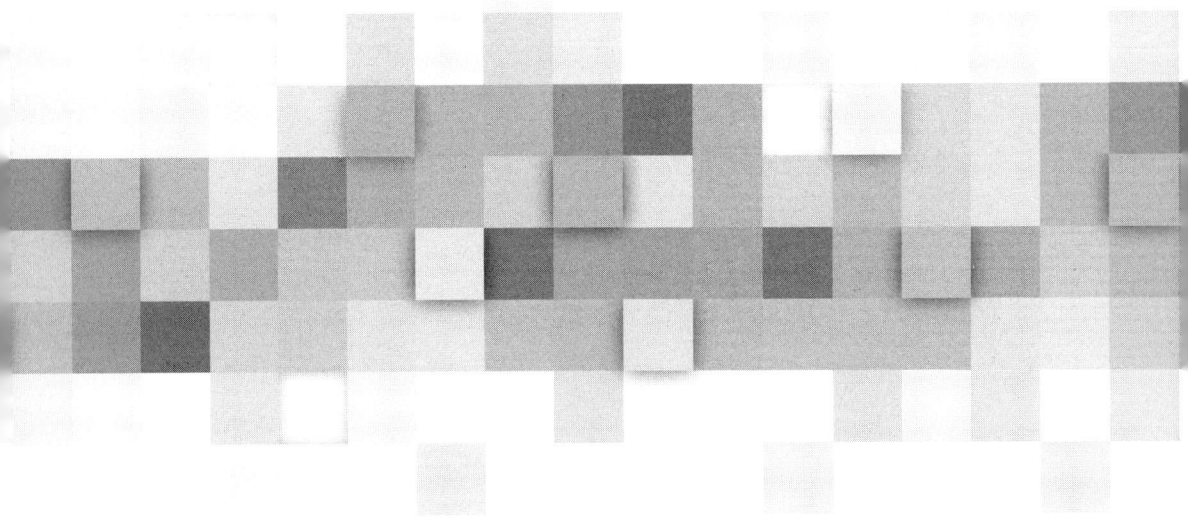

农地租约期限的决定机理研究

——以农地转出农户为例

邹宝玲 ◎ 著

中国财经出版传媒集团

经济科学出版社

Economic Science Press

图书在版编目（CIP）数据

农地租约期限的决定机理研究：以农地转出农户
为例/邹宝玲著．—北京：经济科学出版社，2021.7
ISBN 978 - 7 - 5218 - 2487 - 2

Ⅰ．①农… Ⅱ．①邹… Ⅲ．①农业用地 - 租赁 -
研究 - 中国 Ⅳ．①F321.1

中国版本图书馆 CIP 数据核字（2021）第 067051 号

责任编辑：程辛宁
责任校对：靳玉环
责任印制：王世伟

农地租约期限的决定机理研究
——以农地转出农户为例
邹宝玲 著
经济科学出版社出版、发行 新华书店经销
社址：北京市海淀区阜成路甲 28 号 邮编：100142
总编部电话：010 - 88191217 发行部电话：010 - 88191522
网址：www. esp. com. cn
电子邮箱：esp@ esp. com. cn
天猫网店：经济科学出版社旗舰店
网址：http://jjkxcbs. tmall. com
北京季蜂印刷有限公司印装
710 × 1000 16 开 11 印张 2 插页 200000 字
2021 年 7 月第 1 版 2021 年 7 月第 1 次印刷
ISBN 978 - 7 - 5218 - 2487 - 2 定价：68.00 元
（图书出现印装问题，本社负责调换。电话：010 - 88191510）
（版权所有 侵权必究 打击盗版 举报热线：010 - 88191661
QQ：2242791300 营销中心电话：010 - 88191537
电子邮箱：dbts@ esp. com. cn）

前　言

　　一般而言，长期的农地租约有利于改善农地的投资激励并促进专用性生产投资，但现实中，短期租约却成为普遍现象。为什么农户更倾向于选择短期租约？其租约期限的形成机理是什么？这是值得探索的重要问题。基于现有研究主要是通过部分区域数据的定性分析或实证分析来识别影响农地租约的期限的因素，并没有对农地租约期限的决定机理进行深入细致的阐释。为此，本书试图回答：农地租约的期限是如何决定的。

　　在农村集体土地家庭承包制的制度背景下，农户是凭借集体成员权而拥有农地承包权的唯一主体，因而其在转出农地时有较大的自主权与控制权。根据农户多目标决策模型，不同类型的农户进行农地转出期限决策，均是在考虑福利保障、交易费用以及风险的前提下，努力追求家庭预期效用的最大化。由此，本书从农户农地转出的角度，通过构建"农户分化－福利保障－交易费用－风险预期"的分析框架，以期从微观层面深入剖析农地租约期限的决定机理及其行为发生学意义。

　　本书共分为 10 章内容，其中第 1 章为绪论。

第2章阐释了基本概念以及农地流转与农地租约的相关研究。第3章为理论分析，在阐明农地性质及其功能的基础上说明农户分化与土地依赖性，再进一步基于农户分化、福利保障、交易费用、风险预期视角说明本书的分析线索。第4章介绍数据来源与样本。第5章至第8章为实证检验，分别验证农户分化、福利保障、交易费用、风险预期与租约期限的关系，从而探寻农地租约期限的决定机理。第9章讨论农地租约短期化问题。第10章进行全书总结，并提出讨论与展望。本书主要研究内容与结论如下：

（1）不同类型的农户对农地依赖性也不同，进而导致农户农地转出期限决策的差异。结果表明对农地经济依赖越强的农户，越倾向于选择4~5年与5年以上的租约；农户对农地的禀赋效应越高，农户选择4~5年租约期限的概率越高。

（2）农地福利保障、社会正式制度保障和农村社区保障对于农户农地租约期限选择没有显著影响，并且在引入交互项后，三类福利保障对于农户农地租约期限的选择影响依旧不显著，可能的原因在于转出农地的农户不那么重视农地福利保障，而社会正式制度保障还没有那么完善，不足以影响农户农地租约期限决策。

（3）农地的细碎化程度越高，农户越倾向于选择4~5年的租约；农户家庭工资收入比率越高，越倾向于选择3年以内的租约期限；农户人力资本有利于促进5年以上农地租约的形成；农户转出农地给同村农户更倾向于选择4~5年租约期限，转给外村农户则更可能形成4~5年与5年以上期限的租约，而转出给组织主体则对选择3年以内租约期限有显著的负向影响，对5年上租约期限选择有正向影响。

（4）就业风险与农地产权风险的存在不利于农地长期租约的形成，而农地流转的契约化程度提高能够促进农地长期流转交易的达成。

（5）随着农户年龄或者受教育程度的增加，其选择5年以上租约期限的概率也逐渐增加。集体组织下的农地统一流转能够提高农户选择5年以上长期租约的可能性。居住在平原的农户更倾向于选择3年以内的租约期限，以保持农地交易的灵活性从而获益。

本书的主要创新在于，研究视角上，将农户分化、福利保障、交易费用、风险预期纳入农户多目标决策模型，并通过全国9个省（区）2704户农户调研数据进行实证检验，拓展了关于农地租约期限分析的深度与广度。维度刻画上，从就业依赖、经济依赖和情感依赖三个维度刻画农户分化程度，并兼顾农户的非正式制度保障，丰富了关于农户的福利保障的刻画。最后还基于农户下一期期限选择意愿，讨论了农地租约期限的"逆向选择"问题，为促进我国农地流转市场规范化发展提供新的启示。

目　录

第 1 章

绪　　论

1.1　问题的提出

通过农地流转促进土地的集中，实现适度规模经营，是降低农村集体土地家庭承包制下，土地均分而导致的分散化与细碎化经营格局效率损失的重要途径。因而，近几年的中央一号文件不断强调要建立健全农村土地承包经营权流转市场，允许流转形式的多元化。在政策的鼓励与诱导下，农村土地要素市场逐步得到发展。到 2017 年，全国土地流转面积在家庭承包耕地总面积的占比高达 35%①。尽管农地流转可以采用多种方式，但农地出租是农地流转的主要方式（罗必良，2017）。

农地出租属于一种产权交易，表现为农地经营权的流转。一般物品的产权交易，通常表现为物品的让渡，是产权主体的转换，具有交易的独

① 农业部：全国土地流转面积占家庭承包耕地总面积 35% 正试点土地使用权抵押贷款 [EB/OL]. 人民网（财经频道），http：//finance.people.com.cn/n1/2017/0307/c1004-29129227.html，2017 - 03 - 07.

立性与市场出清的特性。但是，由于农地经营权依附于农户承包权，使得农地经营权的流转并不是交割式的市场出清，由此导致两个重要特征：第一，在产权主体开放的条件下，任何进入土地经营的主体，只有得到该农户的同意并实施产权让渡才能获得该土地的经营权。由此，作为承包主体的农户具有"产权身份垄断"的特性；第二，由于土地的终极控制权属于承包农户，任何形式的农地经营权流转在时间上不可能是永久性的，而只能是时段性的，即产权流转具有"期限性"特征。时间又是分析人类行为的基本维度（Mises，1994），是农地流转缔约的关键内容之一（Guriev et al.，2005）。

因此，农地租约的期限选择是一个值得关注的问题。缔约期限反映了不同的契约关系，将对缔约双方的行为产生直接影响，进而达到不同的契约效果（Mises，1949）。因而，契约期限的决定机理成为关注的焦点（Coase，1937；Williamson，1979；Hart et al.，1990）。理论上，契约期限长短各有优势。例如，选择较长的租约期限有两个优势，一是减少附着于土地的资产的交易成本，二是降低信息不完全下转让产权的预期成本；而选择较短的租约期限能够避免长期租约执行中彼此潜在的违约行为的监督成本，且便于再谈判（Cheung，1970）。然而，从交易费用的角度来看，长期契约优于短期契约。有关经验证据表明，关联专用性投资越大，契约期限越长（Masten et al.，1985）。不确定性与风险在期限的决定中也发挥重要作用，如投资项目的风险性将会加强长期契约的选择倾向（Bergemann et al.，1998）。现实中，不完全契约会抑制专用性资产投资，而这种投资不足则会导致契约的短期化，短期契约又会反过来导致专用性投资的激励性降低（Klein et al.，1978；Grout，1984；Williamson，1985；Tirole，1986）。然而，也有学者表示，长期契约与短期契约存在一定的替代性（Rey et al.，1990；Crawford，1999）。在农地流转实践中，多数文献同样倾向于强调长期契约的重要性（Holden et al.，2016；邹宝玲等，2016；Deininger et al.，2018）。因为农地的有效经营依赖于稳定的农地产权，而长期租约则表征地权在时间维度上的稳定性（Place et al.，1994），并且长期的租约有利于促进农地流转参与双方形成相对稳定的预期，维持合作关系，刺激生产性投资。设立有保障的长期契约的重要性、必要性与交易相关的投资的资产专用性正相关，资产专用性强则要求较高的土地流转交易关系的持续性（罗必良等，2010）。否则，期限过短或期限的不确定性容易导致对农地的长期投资不足（Gao et al.，2011），并且可能诱导承租者在生产上的短期行为，容易形成掠夺式经营，损害地力（姚洋，1998）。

但是，现实中的农地流转普遍表现为契约的短期化特征。2000 年山东、浙江、江苏农户间的租约平均期限分别为 1.50 年、3.16 年、4.10 年，2009 年浙江农户间的租约平均期限为 3.31 年（田传浩等，2013）；2005 年对全国 17 个省份的调查表明，在转出土地经营权的农户中，没有明确流转期限、明确流转期限的农户占比分别为 46%、54%，而形成鲜明对比的是，明确流转期限的农户中约定流转期限为 1 年以内与 10 年以上期限的比例分别为 50% 和 6%（叶剑平等，2006）。另外，2015 年我国 9 个省（区）农户的数据显示，在转出农地的农户中，租约期限为 1 年以内、1~3 年的比重约为 11%、15%；在转入农地的农户中，租约期限为 1 年以内、1~3 年的比重约为 12%、19%（Zou et al.，2018）。这些结果都说明农地流转租约的期限相对较短。

既然农地流转的长期契约有利于改善农地的投资激励，为什么短期租约却会成为农户的普遍选择？农地租约期限的形成机理是什么？在解释农地租约的期限短期化问题时，有研究指出，农户转出农地使用权的主要目的是为了弥补在家庭农业劳动力不足的情况下，通过农地使用权的流转以维护农户的承包权，并非仅仅是获得更高的租金收入（钟涨宝等，2003）。这一解释显然说服力不足，因为农户的农地承包权是基于农户作为农村集体经济组织成员而得的，具有"身份垄断性"特征。有学者强调了土地价值的作用，认为当农户拥有较高价值的土地时，更倾向于短期流转以实现其保障收益；而当农户拥有较低价值的农地时，农户倾向于长期流转以实现其经济收益（徐珍源等，2010）。但现实中不得不考虑交易费用的问题。例如，当地权不稳定时，租出者倾向于长期契约，租入者倾向于短期契约；交易费用较高时，两者均倾向于长期契约；当种地预期收益与种地机会成本的差值较大时，两者均倾向于长期契约（刘文勇等，2013）。基于资产专用性的角度，有学者发现农地租约期限决策主要与农户的资源禀赋相关，短期性转出农地有助于外出就业不稳定的农户保证自己随时能够退回土地经营，并有助于保持灵活性以重新缔约获取更大的租金空间（钟文晶等，2014）。

可见，已有研究对影响农地租约的期限的相关因素进行了识别，但是关于租约期限的形成机理并没有进行深入细致的阐释。契约理论认为，粗糙的契约将激励投机行为的滋生，导致当事人的利益损失，因而为了抑制交易双方的投机行为，需要制定精细的契约，但可能降低了事后契约执行的灵活性

（Hart et al.，2008）。因此，最佳的契约形式需要权衡权利感受的刚性与事后效率的灵活性。由于农户拥有土地承包权，其可以接受，也可以不接受正在商议的租约条款，期限也是一样。因而，更重要的问题不在于怎样的期限才是有效率的，而在于为何在农户的农地流转中，会形成不同期限的农地租约。

关于不同农户在农地流转过程中的缔约行为的分析往往牵涉到农户的土地依赖性。一直以来，土地为农民提供了最基本的生产资料和社会保障功能。而基于农村集体经济组织成员而获得的农地承包经营权，使得农地具有人格化财产属性，这使得农户赋予农地较高的价值评价。因此，农地对于农户来说是一种特殊的生产要素，因为农地包含了农户的福利保障、乡土关系以及身份表达等多个方面，由此农地流转便是隐含了经济利益、安全保障和情感收益等多重福祉权衡的选择性交易（林文声等，2015）。但已有研究忽略了农地不同价值属性及其福利保障对于农户农地行为决策的影响。更进一步说，农地的某些价值属性具有货币可替代性，某些价值属性则不具有货币可替代性，进而造成农地租约的差异性。同时，必须注意到，随着社会变迁，劳动力要素的流动更容易实现，农户之间也出现了社会分化，由此影响其对于土地所承担的福利保障功能的价值判断和依附程度，导致不同类型的农户的福利保障效用表达不同。在经济理性下，农户行为的主要目的是福利保障效用的最大化，而农地流转市场中的风险与交易费用将影响其效用目标的实现，因而对其农地租约期限的决策具有重要影响。正是在这样的情景下，我们有必要阐明农户分化与农户对农地依赖性的差异及其所处的福利保障环境，理解其租约期限决策的机理。换言之，需要从农户分化、福利保障、交易费用以及风险预期等方面去探究农地租约期限的决定机理。由于农户是拥有农地承包权的唯一主体，拥有农地的终极剩余控制权，并且相对于转入农地的农户，转出农地农户更清楚流转农地的调整、确权以及农地质量等其他特征。另外，农户转入的农地来源除了农户外，还可能有部分是村集体或者开荒地，不太好从中剥离出仅来源于农户的农地，从而也会增加研究上的困难。因而，已有关于农地流转的研究也主要是从转出农地农户这一层面展开的（徐珍源等，2010；邹宝玲等，2016；洪炜杰等，2018；钱龙等，2018）。综合上述考虑，本书着重从转出农地的农户层面考察农地租约的期限问题。农户有效转出农地是推动农地流转市场发展的重要动力（孙小龙等，2018），因而本书从农地转出农户层面去探究农地租约期限的形成机理更具有现实意义和行为发生学意义。

1.2　研究目标与研究意义

1.2.1　研究目标

本书的研究目的在于探究农地租约期限的决定机理。具体通过阐述农地租约的期限特征，分析农地流转过程中，农户分化、福利保障、交易费用、风险预期对于农地租约期限的影响。同时，将进一步探讨我国目前农地流转中的短期化现象，为促进我国农地有效流转，提高农地流转的规范化、契约化水平，并最终实现农地流转政策绩效而提供理论依据。具体目标包括：

（1）细分农户的福利保障内容，并对农地福利保障功能进行分类，分析目前农村正式制度保障、农地福利保障和社区保障如何影响农户农地租约期限。

（2）构建农户多目标决策模型，从农户分化、福利保障、交易费用、风险预期角度构建农地租约期限的理论分析框架，揭示农地租约期限的决定机制。

（3）以农地流转租约期限的研究结论为基础，揭示促进我国农地流转规范化发展、提高农地流转效率的政策启示。

1.2.2　研究意义

农地流转对于促进我国农业适度规模经营、农业现代化经营，以及振兴乡村的战略目标的实现具有重要意义。农地出租作为占据主导地位的农地流转方式，其租约期限的长短与农地经营权的稳定性直接相关，并进一步影响农地承租方的行为预期与生产决策。因而，如何通过农地租约期限加强农地经营权转移的稳定性，并进一步吸引更有能力的新型农业经营主体进入农业生产中，刺激其农业专用性生产投资，实现农业适度规模经营转型，促进农业农村的发展，是极具现实意义以及理论意义的问题。具体表现在以下方面：

（1）重新思考农地福利保障功能，进一步细分农户所面临的社会保障类型，深化对农户的福利保障需求的理解，以及农户如何通过农地转出实现其福利保障效用。

（2）构建了关于农户农地租约决策的多目标决策模型，贴合农地交易现实情景，考虑农户分化、交易费用与风险的影响，拓展了已有关于农地租约期限的研究。

（3）进一步讨论了农地短期化现象，考虑了农户以往农地流转经验对于下一期农地流转参与的影响，丰富了已有的关于短期农地流转现象的分析。

（4）强调农地租约期限决策在农地流转行为中的重要性。本书从多个角度分析农地租约期限的影响因素，有助于为相关研究提供参考。同时为当前社会背景下制定有关促进农地流转市场发展的政策提供新的启示。

1.3 研究内容与技术路线

1.3.1 主要研究内容

1.3.1.1 农户分化对农地租约期限的影响

农地的多重性质对应着农地的多重功能。随着乡土社会变迁以及劳动力要素的流动，农户也逐渐出现了分化。这种分化实际上表达为其对于土地依赖性（福利保障功能诉求）的差异，例如，不再"以农为业"和"以农为生"，将会影响其福利保障效用目标与农地农户处置决策，并作用于农地转出租约的期限决策。

1.3.1.2 福利保障对农户农地租约期限的影响研究

理性小农假设下，农户追求的是自身家庭福利保障效用的最大化。因而，农户所享有的农地福利保障及其外部的福利保障环境将对其农地配置行为产生影响。为此，本书将从农地福利保障功能出发，阐述农户的农地依附性，同时分析在农村不同的制度性社会保障环境下，农地福利保障与乡土社会关系保障之间的关系，并且分析不同正式制度保障和农村关系保障下农地福利保障对农地租约期限的影响。

1.3.1.3 交易费用对农地租约期限的影响

农地流转作为市场交易必然存在一定的交易费用。交易费用高低将影响农户转出农地的可行性，并影响其转出租约期限决策。因而，基于威廉姆森交易费用分析范式，本书将从资产专用性、不确定性和交易频率测度农户转出农地的交易费用，并进一步揭示交易费用对农户租约期限决定的影响。

1.3.1.4　风险预期对农地租约期限的影响

农地转出作为一项市场交易难免存在风险，即表示农户参与农地流转可能面临潜在的交易损失。因此，风险预期将影响农户转出农地的行为，并影响农户的农地租约期限选择。农户关于农地转出的风险预期主要源自农户资源配置风险，包括劳动力配置引致的就业风险与农地资源配置所面临的农地产权风险，以及合约不完全带来的风险，而合约不完全与合约形式相关。由此可以测度农户的风险预期，从而探究农户农地租约期限的形成机制。

1.3.1.5　提出有效推进农地流转、提高农地租约正式化程度的政策建议

针对目前农地流转现状与存在的一些问题，以及目前振兴乡村，推进农业农村发展的战略目标，结合本书相关研究结论，提出有效推进农地流转、提高农地租约正式化程度的政策建议。

1.3.2　技术路线

本书试图阐释农地租约期限的形成。作为理性小农，农户行为主要表现为在特定的社会经济环境下，根据内外部资源条件，选择满足自身家庭福利保障效用最大化的方案。对农户而言，其家庭的福利保障由多方面组成，包括社会正式制度保障和非正式制度保障。鉴于现阶段我国农村社会保障中国家层面与集体层面的支持有限，社会保障的供给更多地依赖于农户家庭本身，因而农地依旧为那些正式社会保障不能满足其所需的农户提供了一种替代性和基础性的福利保障，进而降低了他们的生存风险。因而，需要结合乡土社会变迁的现实情境，考虑农户分化后，不同类型的农户对农地的依赖性，以及农地依赖性的差异如何进一步影响农户的农地流转决策。另外，由于农地的经营权的转移依附于农户的农地承包权，因而农地租赁交易并不是产权的完全交割，而具有"期限性"特征。因此，农户必须考虑转出农地期限的长短。由于农地转出关乎农户的福利保障的结构调整，与农户的农地福利保障效用相关，因而期限决策并不是一个能够用经济思维去简单核算的问题。同

时，农地转出作为一项市场交易，还可能受到交易过程中的交易费用与风险的影响，因而交易费用与农户对于转出农地的风险预期也需要纳入农户农地租约决策的分析中。

因此，为了诠释农地租约期限的形成逻辑，本书以转出农地农户的租约期限决策作为具体研究对象，以 2015 年我国 9 个省（区）农户调研数据作为实证分析对象，具体研究的技术路线如图 1.1 所示。

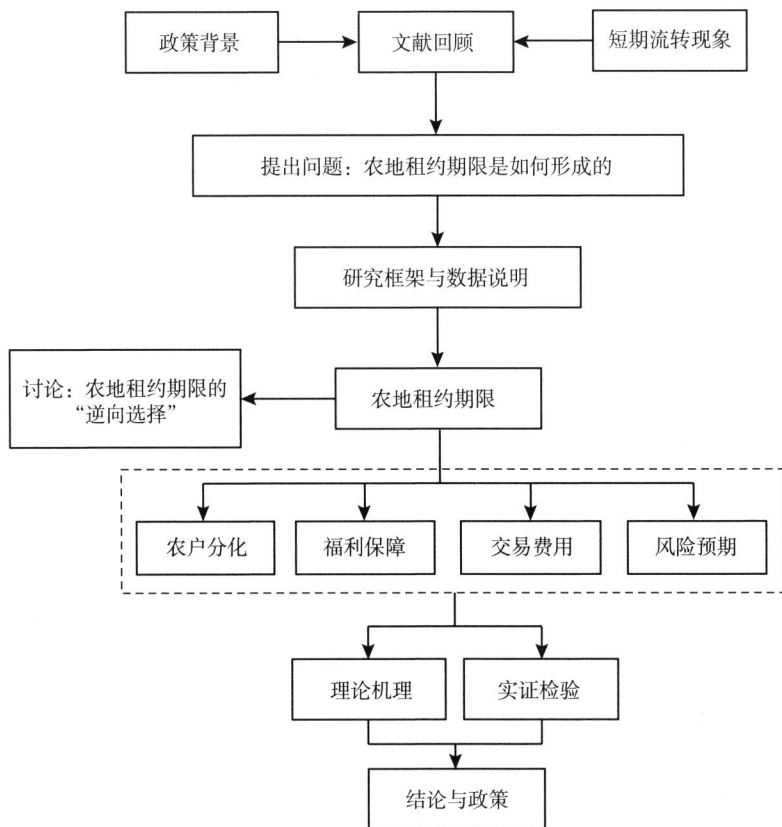

图 1.1　技术路线

首先，注意到已有研究关于农地短期流转的探讨，结合当前政策背景，梳理有关农地流转及其租约期限的相关文献，提出本书研究的问题。其次，构建本书的研究框架，并对本书实证分析所采用的数据进行介绍。再其次，基于农户调研数据分别从四个视角进行实证分析：一是在阐明农地性质与功能的基础上，讨论农户分化及其农地依赖性差异，进而分析农户分化对农地租约期限决策的影响；二是分析农户所处的福利保障环境，即农地福利保障、社会制度保障与社区保障，以及福利保障功能转换对农地租约期限决策的影响；三是兼顾农地流转作为一项市场交易，农户需要考虑在不同的交易情景下的交易费用以及转出农地可能面临的风险。因而借助于农户多目标决策模型，分别分析了农户分化、福利保障、交易费用与风险预期对农地租约期限的影响。而后进一步讨论了农地租约期限的"逆向选择"问题。最后，依据各个实证分析的研究结果，总结政策启示。

根据研究内容与技术路线图，本书章节安排如图 1.2 所示。

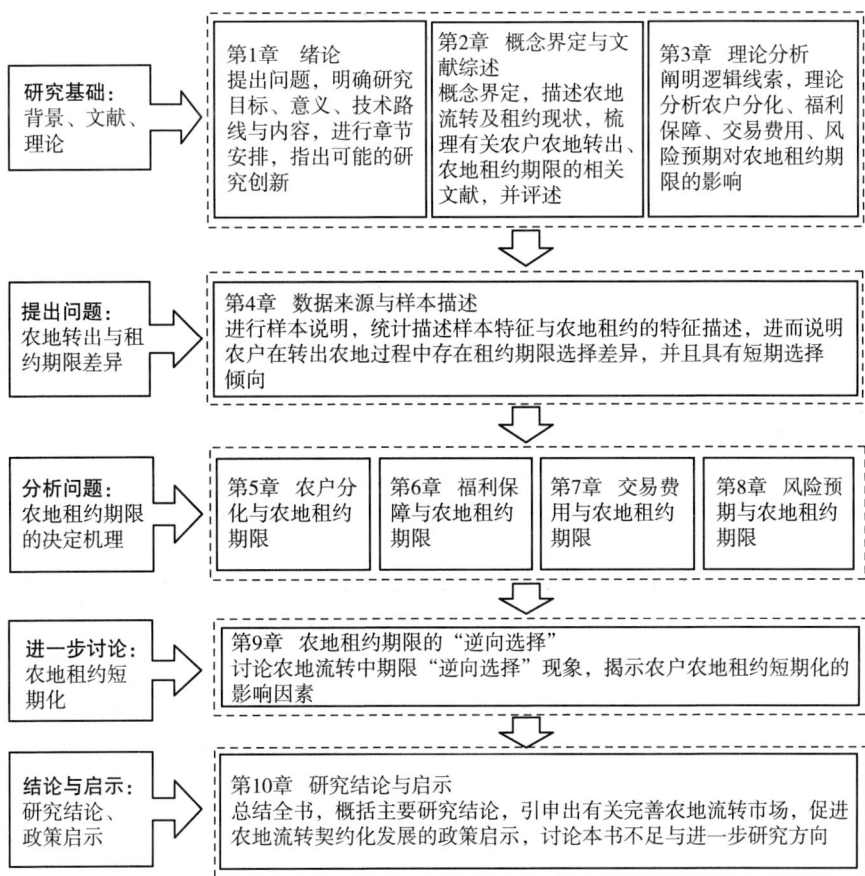

图 1.2 章节安排

本书总体包括 10 章内容。各个章节具体内容安排如下：

第 1 章是绪论。本章主要引出问题并介绍本书的研究背景，阐明本书的研究目标、研究意义，制定研究的技术路线，明确研究内容并进行章节安排，最后说明可能的研究创新。

第 2 章是概念界定与文献综述。本章首先对基本概念进行界定。然后一方面对我国当前农地流转及租约现状进行描述，另一方面针对农户转出农地的影响因素、农地租约期限的相关研究成果进行梳理与评述。

第 3 章是理论分析。本章主要明确本书的逻辑线索。首先阐明农地性质及其功能，进而说明农户分化与土地依赖性，最后阐释农户的农地转出实际上是一个多目标决策行为，因而从农户分化与农地租约期限、福利保障与农地租约期限、交易费用与农地租约期限、风险预期与农地租约期限四个方面进行理论分析。

第 4 章是数据来源与样本描述。本章首先详细说明本书实证分析所使用的数据来源与样本抽样，然后进一步针对本书所研究的问题，围绕农地流转、样本特征、农地租约特征等进行描述统计。

第 5 章是农户分化与农地租约期限。本章主要通过农户调研数据进行实证分析，从农户对农地的就业依赖、经济依赖以及情感依赖刻画农户分化，进而解释社会变迁的背景下，农户分化如何影响其农地租约期限决策。

第 6 章是福利保障与农地租约期限。本章主要通过农户调研数据进行实证分析，将农户的福利保障分为农地福利保障、社会正式制度保障和农村社区保障，以此分析不同类型的福利保障对于农户农地租约决策的影响。

第 7 章是交易费用与农地租约期限。本章主要基于威廉姆森交易费用分析范式，即通过资产专用性、不确定性、交易频率三个具体维度测度农户转出农地的交易费用，实证分析农户转出农地所面临的交易费用对农地租约期限的影响。

第 8 章是风险预期与农地租约期限。本章主要阐述农户基于资源配置与合约不完全所带来的风险预期，并通过实证检验农户转出农地的风险预期对其农地租约期限决策的影响。

第 9 章是农地租约期限的"逆向选择"。本章主要针对农户参与农地流转中的期限"逆向选择"现象进行讨论，揭示农户农地租约短期化的影响因素。

第 10 章是研究结论与启示。本章主要总结本书的主要研究结论，并根据本书实证分析的结果指出其政策启示。同时还进一步讨论尚待完善之处，以及可供下一步深入研究的方向。

1.4　可能的研究创新

（1）研究视角的创新。整体上，虽然国内关于农地流转租约期限的研究已经硕果累累，但是还没有从理论上系统讨论农地租约期限的形成机理。本书以转出农地农户为例，分析其租约期限的形成逻辑。首先回归农地本身的性质及其福利保障功能，并阐明农户分化的现实背景，讨论不同类型的农户对农地的依赖性，再进一步分析农户农地租约期限决策，这将更有利于理解农地租约期限的形成逻辑。同时，本书还从一期的期限选择延伸至两期的期限选择，基于农户下一期的期限选择意愿进行讨论，发现了农户农地租约期限选择的"逆向选择"现象，深化了现有关于农地租约期限的研究。

（2）理论模型的创新。本书针对农户转出农地租约期限的决策，构建了一个农户多目标决策模型。该模型能够贴合现实情景，刻画了农户转出农地的多重目标，基于多重目标能够将影响农户农地租约期限选择的因素具体分为四个维度，包括农户分化、福利保障、交易费用与风险预期。由此，为本书的主要内容安排以及实证分析提供了理论依据，以期能够在对于农地租约期限这一问题的分析深度与广度上有所突破。

（3）维度的创新。第一，关于农户分化。已有研究对于农户分化的刻画主要是从收入结构、就业结构、年龄等维度进行测度，而本书在已有研究的基础上还考虑农户对农地的"恋土情结"，即农户对于农地的情感依附。因此，最终从就业依赖、经济依赖与情感依赖三个维度刻画农户分化程度。第二，关于福利保障。尽管关于社会保障对于农地流转的研究也有不少，但是通常是基于政府层面提供的正式制度保障，如基本养老保险与医疗保险等方面去探索其对于农地流转的影响。然而，本书将农户所处的村庄中隐含的集体互惠互助纳入考虑，进一步区分社会正式制度保障与非正式制度保障，并通过熵值法综合多个维度的指标刻画农户所享有的福利保障，包括农地福利保障、正式制度保障和农村社区保障，能够更可靠、更细致地分析福利保障对于农户农地流转参与的影响。另外，本书在实证分析中还考虑了不同类型的福利保障之间的互动性。这为深化福利保障对于农户农地流转行为的影响分析提供了新的思路。

另外，在数据上，本书所采用的我国9个省（区）农户调研数据，随机抽样所选取的调研省区覆盖面较广、样本量较大，为农地流转的有关研究提供了新的素材。

| 第 2 章 |

概念界定与文献综述

2.1 基 本 概 念

2.1.1 农地

在已有的研究中，农地通常泛指农用地或农村土地（程令国等，2016；罗必良等，2018；邹宝玲等，2017）。而根据《中华人民共和国农村土地承包法》（以下简称《农村土地承包法》）第二条，农村土地是指农民集体所有和国家所有依法由农民集体使用的耕地、林地、草地，以及其他依法用于农业的土地。根据已有相关定义，结合本书的研究内容——我国农村农户的农地转出租约期限决定，本书将"农地"的概念限定于农户家庭承包的耕地。

2.1.2 农地流转

根据《农村土地承包法》第三十二条，通过

家庭承包取得的土地承包经营权可以依法采取转包、出租、互换、转让或者其他方式流转。同时，第三十四条明确强调，土地承包经营权流转的主体是承包方。因此，"农地流转"实质上是农村土地承包经营权流转的简称。在当前我国农村承包地"三权分置"制度下，从农地承包经营权分离出来的经营权归属于农地的实际经营主体（吴一恒等，2018）。因此，除了转让这一种特殊的流转方式外①，"农地流转"通常是指农户作为承包方，依法将所承包的农地的经营权转让给其他经营主体，包括所有农村集体经济组织成员以及其他经济组织，同时符合《农村土地承包法》有关农地流转不得改变农地所有权的性质和农业用途的规定。本书采用的是相对狭义的农地流转概念，不包括转让方式的流转。

2.1.3　农地租约

出租是农地流转常见的流转方式之一。根据《农村土地承包经营权流转管理办法》（2005年），出租是指承包方将部分或全部土地承包经营权以一定期限租赁给他人从事农业生产经营；出租后原土地承包关系不变，原承包方继续履行原土地承包合同规定的权利和义务，承租方按出租时约定的条件对承包方负责。由于出租农地经营权而形成的交易关系，包括交易双方彼此的权利与义务，实质也是合约的基本内容（Bolton et al.，2005）。因此，合约是对交易双方预期行为（责任与义务）的相关表述。因此，本书的"农地租约"指的是农户与承租主体达成关于让渡农地经营权的交易后所形成的针对农地出租方与承租方责任与义务的相关表述。农地租约可能是书面合约、口头合约，甚至是没有约定具体内容的空合约（罗必良，2017）。

---

① 根据《农村土地承包经营权流转管理办法》，转让是指承包方有稳定的非农职业或者有稳定的收入来源，经承包方申请和发包方同意，将部分或全部土地承包经营权让渡给其他从事农业生产经营的农户，由其履行相应土地承包合同的权利和义务。转让后原土地承包关系自行终止，原承包方承包期内的土地承包经营权部分或全部灭失。

2.2 文 献 综 述

2.2.1 我国农地流转及租约现状

农地流转市场主要是在农地集体产权制度改革、政府土地政策和管理办法的共同影响下形成的（杜云晗等，2018）。1993 年，家庭联产承包责任制在宪法修正案中被正式确立为我国的一项基本经济制度，以此为核心的中国农村土地制度对我国农业发展做出了极其重要的贡献。家庭联产承包责任制给了农户极大的自主经营权，但是农地流转却在我国农村土地流转政策的变迁下，经历了"全面禁止—政策放松—允许流转—政策规范—稳步发展"的五个阶段（王家庭等，2017）。为了整合空间分布不均的耕地并考虑劳动力资源禀赋，农户之间在 20 世纪 80 年代初期就逐渐出现自发的、无法可依的代耕、互换等形式的农地流转（糜晶，2018）。农地流转逐渐变得有法可依，并在制度上得到政府鼓励是从 20 世纪 90 年代开始，体现于国家政府部门所颁布的一系列关于农地流转的政策文件。此后，随着农民就业"非农化"，农业生产"兼业化"趋势的加剧，我国农地流转市场得以发展，农户也更活跃地参与到农地流转市场中。在此，本书将从四个方面来概述我国农地流转现状，包括农地流转的发生率、流转形式、缔约情况以及地域差异。

2.2.1.1 农地流转发生率

农地流转发生率能够直接反映农地流转市场的发展以及农户参与情况。除了通过国家相关部门统计外，例如，农业部关于河北等 7 个省（区）2015～2016 年的调研数据（郜亮亮，2018）、农业部全国农村固定观察点的微观数据调查（钱龙等，2018），不少学者也通过科研单位或自身团队所开展的实地调研获取数据，从而对近年来的农地流转现状进行描述与分析，例如，中国科学院农业政策研究中心 2000 年与 2009 年的 6 个省份农户调研数据（郜亮亮等，2011）、北京大学中国社会科学调查中心在 2010～2012 年进行的中国家庭追踪调查数据（赵修研等，2018）以及山东、河南、湖南和四川4个省份566个农户的调查数据（孙小龙等，2018）等等。比较具有代表性的是以中国人民大学为主导的"中国17省农村土地调查"数据，始于1999年，并于2001年、2005年、2008年、2010年以及2016年开展了连续性的调查，从微观层面对中国农地流转市场进行了分析（叶剑平等，2006，2017，2018）。

总体上，根据2016年发布的《土地市场蓝皮书》，过去18年全国农地流转率快速增长，年均增长率为14.64%。1996年，全国农地流转率仅为2.6%，到2004年流转率就上升至10.5%，到2011年与2012年的农地流转率分别为17.8%和21.2%。而到了2013年农地流转率高达25.7%，2014年为30.4%（李光荣，2016）。但是在2014年后，土地流转比例增速逐渐减缓。由此可见，农地流转的速度在不同的时间段有所不同（郜亮亮，2018）。

2.2.1.2 流转形式

按照《农村土地承包法》，农地承包经营权可以通过互换、转包、转让、出租或者其他方式（如入股土地股份合作社）让渡给其他经营主体。但是，在农地流转实践中，转包、互换、出租以及股份合作是比较主要的流转方式。根据2008年中国人民大学"中国17省农村土地调查"数据，集体出租农地的村占全部被调查村的32.7%，出租对象中本村村民占比43%（叶剑平等，2010）。根据农业部7个省（区）调研数据统计，2015年通过转包方式流转的农地面积占比约为44%，以出租方式进行流转的农地面积占比为39%左右，以互换方式进行流转的农地面积比例仅为5%，而股份合作的方式流转的农地就更少了，其面积占比仅为3%左右；2016年，7个省（区）的农地流转中，以转包方式流转的农地面积比例下降为42.32%，而以出租方式流转的农地面积占比增至41%左右，其他流转方式进行的农地流转面积变化不大（郜亮亮，2018）。

2.2.1.3 农地流转缔约情况

农地流转的缔约情况是指农地流转过程中的合约签订情况，涉及流转对象、合约形式以及流转期限。根据《农村土地承包经营权流转管理办法》第二十一条，承包方流转农村土地承包经营权，应当与受让方在协商一致的基础上签订农村土地承包经营权流转合同一式四份，流转双方各执一份，发包方和乡（镇）人民政府农村土地承包管理部门各备案一份。但农地由他人代耕并且为期不超过一年的情况可以灵活处理。然而，现实中的农地流转缔约情况并不一致。

农地流转大部分发生于农户之间，尤其是亲友邻居之间。根据全国 2000 年与 2009 年 6 个省份的追踪调查数据（郜亮亮，2014），2000 年从亲属与熟人处转入农地的农户占比为 92%，2008 年则大约有 60% 的农地是从亲戚处转入的，表明农地流转的交易对象还比较局限。同时，"熟人"交易下的农地流转，口头合同的比例高达 93.72%，期限也是不固定的。2008 年中国人民大学"中国 17 省农村土地调查"数据同样表明农地非正式流转的比例较大（叶剑平等，2010）。到 2011 年，仍然有 50% 以上的农地流转发生在小农户之间（叶剑平等，2013）。另外，2011～2012 年对全国 26 省份的抽样调查显示，有 66.01% 的农户将农地转出给亲友邻居，与上述发现也具有较高的一致性（罗必良等，2015）。但是农业部 7 个省（区）调研数据显示（郜亮亮，2018），整体上 2015 年出租给本乡镇外的农地面积占比约为 13%，2016 年该比例上升到 16.19%，其中农户作为流转对象的比例将近 60%，其次是专业合作社，占比约为 20%，表明农地流转范围已经逐渐突破本村范围，并成为一大趋势。而且，签订流转合同的流转面积在 2015 年、2016 年占比分别为 61.71%、65.78%，表明农地流转的规范性程度较高。2016 年中国人民大学"中国 17 省农村土地调查"数据表明，大部分农地是出租给外村、外地或本村的种植大户，占比为 71%，而且大部分签订了合约，种植大户与公司转入农地的签约率分别为 68.4%、65.5%（叶剑平等，2018）。

2.2.1.4　农地流转的地域差异

由于非农产业发展水平、人力资本与人均收入水平对农地流转有显著影响，因而农地流转发展存在地域差异（包宗顺等，2009）。农地流转的地域性差异主要表现在农地流转规模方面，即有些地方农地流转规模较大，而有些地方农地流转规模较小（廖洪乐，2012）。一般而言，农地流转在发达地区发展势头更好。2016 年中国人民大学"中国 17 省农村土地调查"数据显示，安徽、浙江、江苏有超过一半的被调查农户表示有专业大户或公司到村里租地，而黑龙江、吉林、湖北、四川等地区比较少见（叶剑平等，2018）。即便是在同一个省份范围内也呈现出农地流转的地域差异。例如，关于浙江省东部、中部、西部的农户调研数据就表明，地区的经济水平差异会导致农地流转市场的发育呈现出明显的梯度结构（卞琦娟等，2011）。

综上所述，农地流转的发生率近年来有所提高，但是地区间仍存在较大差异。农地交易范围逐渐超出了本村范围，并且农地流转签订合约的比例逐年提高，其市场化与规范性程度均有所提高。

2.2.2　农户转出农地的影响因素

农地租约期限决策属于农地转出决策的部分内容，因而有必要首先梳理关于农户农地转出的现有研究。关于农地流转的现有文献更多地关注农地承包户的农地流转参与行为（马贤磊等，2015；张梓榆等，2018；聂建亮，2018），尤其是农户农地转出特征及其因素分析（罗必良等，2015；聂建亮等，2014）。实践中，农户转出农地的主要原因是家庭农地资源与劳动力资源的失衡。其中，2008 年中国人民大学"中国 17 省农村土地调查"数据表明，约 56% 的样本农户转出农地是因为家里缺乏劳动力，33.4% 的农户转出农地是鉴于农地耕种的高成本与低收入（叶剑平等，2010）。2009～2010 年浙江、四川、安徽 3 个省份的调研数据也呈现了类似结果——农户转出农地的最重要的原因是家庭主要劳动力外出打工或经商，其次是通过流转能够获得比自己耕种更多的收益，然后是家庭缺乏劳动力，选择前述原因的农户占比分别为 46.86%、25.12%、16%（毛飞等，2012）。

此外，已有文献对农户转出农地行为与决策的影响因素进行了更具体、更深入的分析。主要可以分两大类，一类是针对实际农地转出行为的研究，另一类是针对农地转出意愿的研究。由于本书关注的是农户实际转出农地的行为，因而在此主要对有关农地实际转出影响因素分析的现有文献进行总结与归纳。影响农户转出农地的因素众多，外部因素包括社会政策、经济环境、社会保障制度、村庄特征等，而内部因素则涵盖农户户主特征、家庭资源禀赋、收入结构与水平等等（冀县卿等，2015；马贤磊等，2015；张明辉等，2016；朱兰兰等，2016；文长存等，2017）。大体上，可以将影响农户转出农地的因素归纳为农地政策、经济发展、农地流转市场、户主特征、家庭特征、农地特征 6 个方面。

2.2.2.1 农地政策

农地的流转是在承包地管理的相关法律与规章制度下进行的，因而有关农地政策与相关规定的发布可能会影响农户的农地转出行为（Dieninger et al.，1998；Li et al.，2017）。改革开放以来，农村流转制度经过了两个阶段：第一个阶段是 20 世纪 80 年代中期到 90 年代后期，表现为从不允许农地流转到允许农地流转，从无偿流转到有偿流转；第二个阶段为 20 世纪 90 年代后期至今，表现为从允许流转到鼓励流转，从非正式流转到市场流转（郭熙保等，2016；张林国，2017）。

图 2.1 列出了有关农地管理法律与政策的主要内容。通过图 2.1 可以看出，我国的农地流转的迅速发展得益于《中华人民共和国土地管理法》《中华人民共和国农村土地承包法》等相关法律法规对农户土地承包经营权的保障，以及党和国家政府在政策层面的引导和有力推动。

除此之外，有关研究也分析了地方性政策差异以及农地确权对于农户转出农地决策与行为的影响。例如，当地政府部门以及土地管理部门关于农地流转的限制将导致农户农地流转行为的地域性差异，因为地区性的政策限制将导致农地流转面临较高的交易成本（Bogaerts et al.，2002；Che，2016）。农地确权确实给予农户的权益更有力的保障，但是关于农地确权对于农户农地流转参与的影响方面的研究结果并不一致。不少研究认同农地确权会提高农户在农地流转市场的参与率（刘玥汐等，2016），因为明确的土地产权能够纠正和缓解农业生产活动的外部不经济性（Feder et al.，1998），并且促进农业生产性投资（Ma et al.，2013），而产权不完全则阻碍了土地市场的发展（Holden et al.，2007，2011，2016）。因而，农地确权政策对农地流转有显著的正向影响（程令国等，2016；李静，2018）。但是，也有学者认为农地确权对农地流转作用不显著（Jacoby et al.，2006；Deininger et al.，2009），甚至将导致农户对农地产生更高的禀赋效应，从而抑制农地流转交易（罗必良，2014）。基于 2011 年和 2015 年中国健康与养老追踪调查（CHARLS）数据的实证分析验证了农地确权的负面影响，表现为确权降低了农地转出概率（7.3%），并且户均转出面积减少 0.66 亩（黄佩红等，2018）。此外，农户转出农地的决策还受到农业补贴政策的影响（Lence et al.，2003；Goodwin et al.，2011；冀县卿等，2015）。

年份	文件	主要内容
1984年	《关于一九八四年农村工作的通知》	鼓励土地逐步向种田能手集中
1988年	《中华人民共和国宪法修正案》	土地使用权可以依照法律的规定转让
1998年	《中华人民共和国土地管理法》	土地使用权可以依照法律的规定转让
2002年	《中华人民共和国农村土地承包法》	土地承包经营权可以依法采取转包、出租、互换、转让或者其他方式流转
2005年	《农村土地承包经营权流转管理办法》	规范农村土地承包经营权流转行为
2007年	中共十七大报告	按照依法自愿有偿原则，健全土地承包经营流转市场
2011年	《关于开展农村土地承包经营权登记试点工作的意见》	在实测土地的基础上对农户承包地进行土地确权登记并颁予证书
2012年	中共十八大报告	发展农民专业合作和股份合作，培育新型经营主体，发展多种形式规模经营
2012年	《关于加快推进农业科技创新持续增强农产品供给保障能力的若干意见》	引导土地承包经营权流转，发展多种形式的适度规模经营
2013年	《关于加快发展现代农业 进一步增强农村发展活力的若干意见》	引导农村土地承包经营权有序流转，鼓励和支持承包土地向专业大户、家庭农场、农民合作社流转；鼓励农民采取互利互换方式，解决承包地块细碎化问题
2014年	《关于全面深化农村改革加快推进农业现代化的若干意见》	赋予农民对承包地占有、使用、收益、流转及承包经营权抵押、担保权能；稳定农户承包权、放活土地经营权
2015年	《关于加大改革创新力度加快农业现代化建设的若干意见》	引导土地经营权规范有序流转，创新土地流转方式，引导农民以土地经营权入股合作社和龙头企业
2016年	《关于落实发展新理念加快农业现代化 实现全面小康目标的若干意见》	加强对土地流转和规模经营的管理服务；依法推进土地经营权有序流转；引导农户自愿以土地经营权等入股龙头企业和农民合作社
2017年	《关于深入推进农业供给侧结构性改革 加快培育农业农村发展新动能的若干意见》	通过经营权流转、股份合作、代耕代种、土地托管等方式，加快发展土地流转型、服务带动型等多种形式规模经营；鼓励地方探索土地流转履约保证保险
2018年	《关于实施乡村振兴战略的意见》	农村承包土地经营权可以依法入股从事农业产业化经营；维护进城落户农民土地承包权、集体收益分配权，引导其依法自愿有偿转让上述权益
2019年	《关于坚持农业农村优先发展做好"三农"工作的若干意见》	健全土地流转规范管理制度，发展多种形式农业适度规模经营

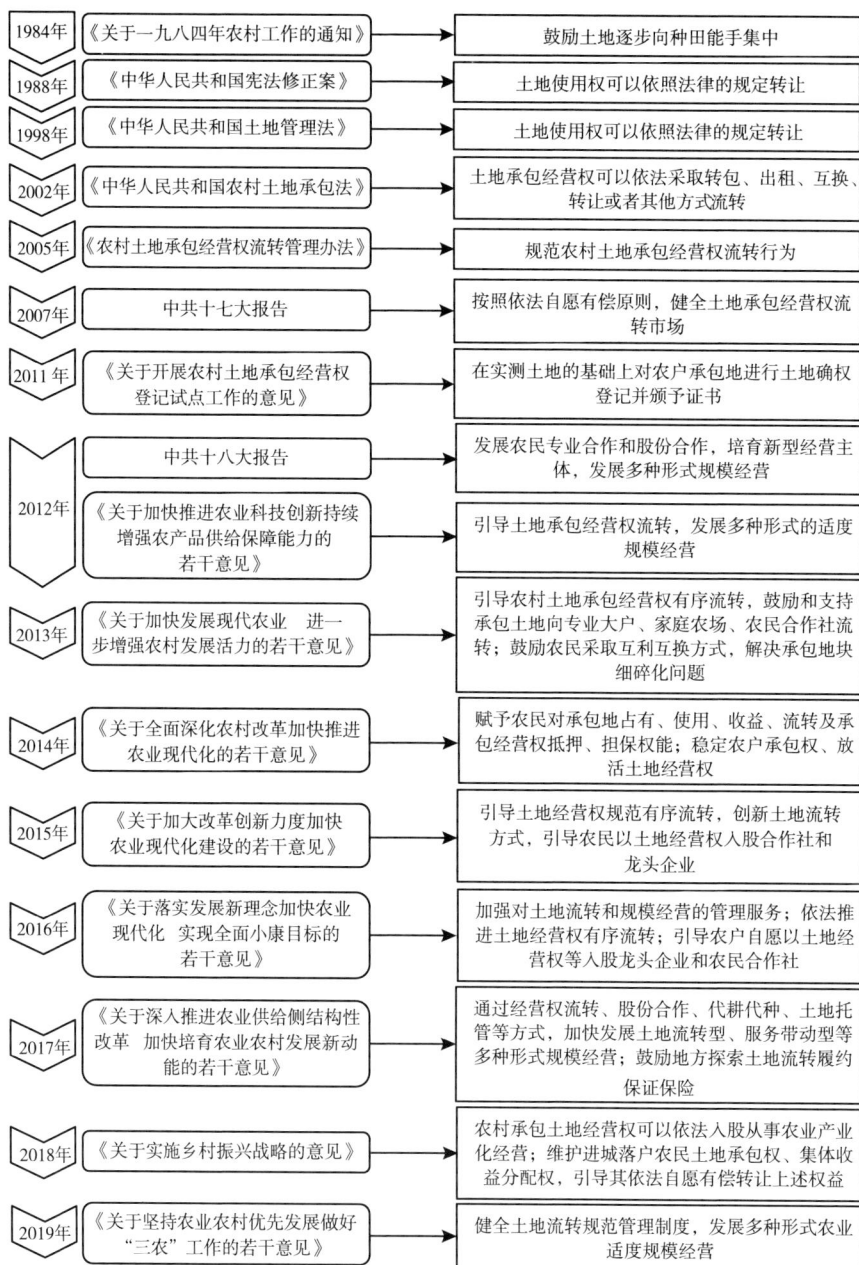

图2.1 有关农地管理与流转的法律与政策的主要内容

资料来源：笔者整理自农业农村部网站（www.moa.gov.cn）、法律图书馆（www.law-lib.com）、中国网（www.china.com.cn）。

2.2.2.2 经济发展

农地流转是农村土地资源的重新配置，理应属于经济发展的一部分内容。比较早发现经济发展与土地流转关系的研究是基于城市边缘地区的农地城市流转模型基础上的分析（Muth，1961）。经济发展一方面会影响土地价格，进而影响土地流转（Duke et al.，2004）；另一方面是经济发展给予了农村劳动力转移到城镇以及参与非农产业的机会，促进了农地流转（Yang，2000；Jin et al.，2009）。

实地调研数据显示，经济比较发达的地区农地流转率与农户的农地流转参与率均高于经济欠发达地区（张丁等，2007；张照新，2002）；主要的原因是在经济相对落后的地区，农地还承担农户的诸多保障；而在经济发达地区，农地带来的收入已经在农民家庭中退出主要地位，因而农地流动现象明显增强（史清华等，2002）。广东与江西两省的农户样本数据就证明劳动力转移比例增加 1%，农地转出增加 0.264%，说明农村劳动力转移对农地流转有显著的积极影响（胡新艳等，2019）。但是，关于山东的农户调研数据的分析发现，劳动力流动对于农地流转的影响程度还受到地区经济发展水平和区位的影响（孙云奋，2012）。

2.2.2.3 农地流转市场

农地流转配套市场的建设也是影响农户参与农地流转的重要因素（Duke et al.，2004）。关于中欧国家农地流转的研究发现，农户对于农地流转市场风险的感知将阻碍其参与农地流转（van Dijk，2003）。另外，土地规模的扩大也需要其他生产要素与其匹配组合进行生产经营活动，因而农村金融市场的完善程度、劳动力市场的监督成本等都会影响农户参与农地流转的决策（Dieninger et al.，1998）。由于农地流转市场并没有对农地价格形成统一标准，也没有权威的定价机制，因而农地流转市场的租金水平将影响农户转出农地的决策（江淑斌等，2013）。关于湖北省武汉、孝感的 832 户农户的实证分析发现，不同类型的功能区农地流转市场的差异性建设对于农户农地流转决策有显著的影响，具体表现为：重点开发区、农产品主产区的农地流转市场活跃度优于生态功能区，三类区域对应的农户农地流转率分别为50.73%、70.50%、28.94%，而且农地流转市场活跃度较高的地区的农地流转主要取决于租金水平与非农就业率（张明辉等，2017）。

2.2.2.4　户主特征

户主作为农户家庭决策的主要决策者，其个体特征将对农户农地流转决策具有一定的影响。已有研究指出户主的年龄及其受教育程度是影响其农地流转决策的重要因素，因为户主年龄隐含其劳动能力与"恋地"程度，而受教育程度高的户主更容易参与到非农就业中而转出农地（卞琦娟等，2010；苏群等，2016）。户主的性别对于农地转出行为决策也存在显著影响（谢玲红等，2018），研究认为男性作为户主的农户家庭更可能参与到农地流转中（冀县卿等，2018）。户主的非农就业经历也可能提高农户的认知水平、决策能力等，进而影响其农地转出决策（Wu，2017；Zou et al.，2018）。

2.2.2.5　家庭特征

农户扩大或者减小农业生产规模主要由劳动和资本的有效性决定（Futemmal et al.，2003）。因而，随着社会经济环境的变化，不同农户对于农地依赖程度、价值认知及产权偏好的变化也将引起农户农地处置行为的差异（苏群等，2016）。农户分化程度越高，即农户家庭从事非农就业的劳动力越多，或者家庭人均收入水平越高，农户更倾向于转出农地（聂建亮等，2014）。农户家庭劳动力较少，或者非农就业机会越多、劳动力可转移性越强，农户越倾向于转出农地，而非农就业不稳定会抑制农户转出农地（毛飞等，2012）。全职型农户更可能转让农地，而非全职型农户有转出农地的倾向（张梓榆等，2018）。农户家庭之间的收入水平也通常被纳入农户农地流转决策的分析中（Krueger et al.，2016）。另外，农户家庭的非农收入比重、农业劳动力人数、非农就业技能等都是影响农户农地流转决策的因素（许恒周等，2011）。农户固定资产越多，也越可能转出农地（张梓榆等，2018）。

2.2.2.6　农地特征

农户的农地使用与处置决策建立在相关信息的基础上（Groeneveld et al.，2017），因而农地本身的自然属性会影响农户的农地流转决策（Futemmal et al.，2003）。例如，农地的面积大小、肥力条件、灌溉条件是影响农户农地使用的重要因素（Felson，2017；王佳月等，2018）。农户拥有的农地面积越大、土地质量越好，农地流转率越高（王杰等，2015）。土地细碎化程度也是影响农地流转的重要因素（王兴稳等，2008；刘瑞峰等，2018），因为农地细碎化将降低农机使用率，导致农地交易成本增加，影响农地流转进程（刘涛等，2008）。

其他的影响因素还包括村庄的经济发展水平、村庄的交通条件、距离城镇中心的距离（苏群等，2016）、地理地貌（马贤磊等，2015；何欣等，2016；张明辉等，2016）、流转方式（王珊等，2018）、土地流转中介组织的发展（赵修研等，2018）以及农地流转的交易媒介（江淑斌等，2018）等等。

2.2.3 农地租约期限的相关研究

缔约期限的长短能够代表不同的契约关系，并影响缔约双方的行为，进而产生不同的契约效果。由此，契约期限的决定机理成为关注的焦点（Mises，1949）。除了关于农地流转现状的描述性统计中有关于农地租约期限的分析外（叶剑平等，2006；郜亮亮，2014；罗必良，2017），也有不少研究者针对农地租约期限问题进行了探讨。关于农地租约的期限，需要注意的是由于农地承包期的有限性，导致已有关于农地流转期限的研究通常将期限不超过农地承包期作为一个默认的分析前提。由于农户租约期限是其个人特征、家庭特征、社会关联关系、流转期望以及地域特征等多种因素共同作用的结果（常伟，2015），因而已有研究主要可以分为两类：一类是侧重于某个视角直接讨论农地租约期限的决策及其影响因素；另一类是从农地流转的缔约视角，结合农地租金、缔约对象、合约形式等方面综合进行讨论。具体总结归纳如下。

2.2.3.1 农地租约的决策及其影响因素

尽管从农地经营权流转本身来看，农地经营权流转期限是转出户、转入户以及村干部三方博弈的结果，但是现有关于农地租约期限的研究主要是基于农户这一微观层面进行分析（苟兴朝，2019）。于不少农户而言，农村土地承担着生存保障、就业保障与养老保障等社会保障功能（Yao，2009；温铁军，2002）。鉴于农地的特殊福利保障功能，农户的农流转决策会特别注意考虑其中的风险（Han et al.，2018）。因此，农户对于农地保障功能的依赖程度将影响其农地流转决策（Liu et al.，2015；邹宝玲等，2017），进而影响其农地租约期限选择。尽管按照合约理论，长、短租约期限各有优势与劣势，但是主流研究主张长期合约比短期合约更具有优势。一般来说，与交易相关的投资的资产专用性越强，则对土地流转交易关系的持续性要求就越高，从而设立有保障的长期契约就越重要（罗必良等，2010）。尤其是资本密集型规模化的大生产经营主体更需要长期的农地流转租约以回收前期的固定成本（曹博等，2018）。但是在农地流转活动中短期合约却是普遍现象，因而已有的关于农地租约期限的研究大部分聚焦于农地短期租约现象，并进行原因阐释。

关于农地租约期限的影响因素，有研究发现农户的农地流转呈现明显的缔约对象差序化与契约期限短期化特征，农户对土地的专用性投资、对承租者信息的充分了解程度、选择空间以及对租约谈判能力的不足是其选择短期契约的关键因素（邹宝玲等，2016）。因此，规避风险进而实现安全保障是农户农地租约期限决策的一个重要路径。有实证研究表明，农户的风险预期是影响其农地租约期限的重要因素，因此农户对承租方了解越多，尤其是与亲友邻居更可能基于关系信任而形成短期租约，而租约中的违约惩罚条款则能够弱化机会主义行为，有助于激励农户选择长期租约（邹宝玲等，2016）。另外，关于农地产权的稳定性、农地流转的交易费用、收益预期等也会影响农户的农地租约期限选择。例如，当农地产权不稳定时，转出农地的农户倾向于选择长期租约，而转入农地的农户更可能选择短期租约；农地交易费用较高时，农地流转的缔约双方都更愿意选择长期租约；而当种地预期收益与种地机会成本存在较大差距时，农地流转双方都倾向于选择长期租约（刘文勇等，2013）。

已有研究除了发现农户的风险感知以及农地交易费用的客观存在会对农地租约期限存在影响，还将农地特征、农户个体及其家庭特征纳入分析中，更全面地分析农地租约期限的影响因素。承包地质量较好、面积较大、户主年龄较大的家庭倾向于选择 1 年期限或不定期限；但在较高的租金诱导下，以及户主的受教育程度越高、非农从业能力越强、养老保险程度越高，农户则倾向于选择 2 年或以上的流转期限（徐珍源等，2010）。在非农就业不太稳定以及保障不充分的情境下，农户会倾向于保留农地或者仅进行短期转出，形成一定的风险分摊机制（毛飞等，2012）。但也有研究证明农户土地转出的租约期限取决于自身资源禀赋条件及其关系资本，且具有流转对象的依赖性特征，而与土地本身的有价值的产权维度关系甚微（钟文晶等，2014）。

2.2.3.2 农地租约与其他缔约内容的关联讨论

由于农地流转期限决策属于农地流转缔约系列行为中的一部分内容，不少学者也会结合农地流转的租金、流转对象、租约形式等方面进行讨论，或者将农户的农地流转租约决策视为一个整体进行分析。

已有研究发现，由于农地租金价格可能是波动的，那么其租期长短则意味着价格风险（Paulson et al.，2013）。因而，农地流转租金水平作为农地流转的风险补偿，与农地租约期限选择密切相关。通常认为，租金越高，农户越愿意长期转出（李承桧等，2015）。但是，也有研究认为农户农地流转期限长短与租金高低实质上是流转双方博弈的结果，土地质量的高低作为期限与租金的中间变量（朱文珏等，2016）。还有学者基于关联博弈时间，将农地租约形式、租约期限与租约执行的稳定性纳入一个统一的框架中进行分析，并通过农户数据证明：农户农地流转的租约选择是理性计算的结果；农户与农地流转交易对象之间关联博弈强度越高，农地流转中违约发生的可能性越低，那么形成非正式、短期化的农地租约的可能性越高（洪炜杰等，2018）。

从整体考察农户的农地流转租约的特征，发现因乡土社会关系的内嵌，导致农地流转的租约选择也存在明显的差序格局特征，表现为：在契约形式上，农户更倾向于口头契约，书面契约比重小；在契约期限上，期限越长的契约比重越小；在流转租金上，租金越高的契约比重反而越小（邹宝玲等，2016）。基于苹果种植户的实证研究发现，农地流转租金、流转对象与谈判时间成本会影响农地流转的契约化程度，农地流转时间越长，农户越倾向于选择正式的书面租约（李星光等，2018）。农户对于农地流转租约的选择可以抑制专用资产投资的机会主义行为的影响，体现为：当资产专用性投资较低时，以市场治理的短期契约最为有效；但当资产专用性投入较高时，固定价格、固定期限、规定惩罚机制并以声誉机制进行约束的正式农地租约是更有效的（刘丽等，2017）。

已有研究还关于农地租约期限的明确性进行了讨论。由于不少农村地区的农户农地流转发生于亲友邻居之间，其流转中并没有明确期限（何欣等，

2016；邹宝玲等，2016），因而农地租约是否具备明确的期限也引起了研究者的关注。转出农地农户主要面对非农就业的风险以及合约风险，约定期限不确定的农地租约更有利于其进行及时调整其决策，以减少风险带来的损失（Zou et al.，2018）。

2.3　文献评述

综合来看，现有文献已经对中国农地流转现状与农地租约特征进行了分析，并且针对农地流转的影响因素以及农地租约期限的影响因素进行了讨论。对已有文献进行梳理之后发现，首先，在国内农地流转现状方面，众多学者已经根据全国统计数据或局部调研数据对国内农地流转交易现状进行了描述与总结，但是对于农地流转过程中的缔约行为与合约特征更多是进行描述统计，进一步的实证分析可能关注于缔约行为的某一个维度，如合约形式或者流转对象。其次，在农地转出方面，承包地农户作为承包经营权所有者，其转出行为是农地流转的关键，因而已有文献侧重于关注影响农户转出农地的因素，尤其关注其对于农地的依赖性。但是已有研究很少将农户所处的社会非正式制度保障纳入其转出农地行为决策的分析中。而这些都是本书进行有关租约期限研究的基础。最后，关于农地租约期限方面，尽管不少研究基于不同的视角分析了影响农地租约期限的因素，注意到了农地流转租约的短期特征并主要从农户这一微观层面进行了解释，但是由于根据不同的样本数据、不同的期限归类标准、不同的视角以及不同的研究方法，得到的研究结果也并不一致。

第 3 章

理 论 分 析

　　本章的目的是更具体地阐释本书的逻辑线索与理论分析，以此作为后面各章节实证分析的理论基础。由于农地性质的多重性导致农地具有不同类型的福利保障功能。而传统意义上的"以农为业""以农为生"的农户随着社会变迁，也逐渐出现了分化，表现为对土地依赖性的程度不同，进而影响其对于农地功能诉求的差异性，并进一步影响其农地流转行为。而农地租约期限是受多种因素综合影响而决定的，不仅受到农户分化的影响，还受到农地流转作为交易本身而存在的交易费用与风险等影响。因此，本章首先阐明农地性质及其功能，然后讨论农户分化与土地依赖性，并以一个多目标决策模型为基础说明农户的农地转出行为决策，最后引出本书的分析线索，即农地转出租约期限是如何决定的。

3.1　农地性质及其功能

　　农地作为一种固定资产，其功能维度与其产权性质密切相关。早期农户拥有农地的使用权以及作为集体经济组织成员而拥有不完全的所有权。由于农地交易存在严格限制，导致农地不具有流动性，那么农户对于农地的功能诉求也就被抑制了。但是，随着社会发展与制度变迁，农户拥有的农地产权从承包经营权细分为承包权与经营权，给予了农户更多的农地产权运作空间，使得农地的功能维度也丰富起来。基于目前的制度环境来看，农地首先是一种自然资源兼生产要素，能够与劳动结合而产生农业收益，同时也是一种财产资源，能够通过流转而产生财产性收益（杨昕，2016）。另外，农地还是农户集体成员身份的象征。根据农地的性质，除了已有的生存、养老与就业等社会保障功能外（Yao，2009；韩芳，2010），其财产性功能也不断提升（罗必良，2013）。因此，其福利保障功能主要可分为三类，如图 3.1 所示。

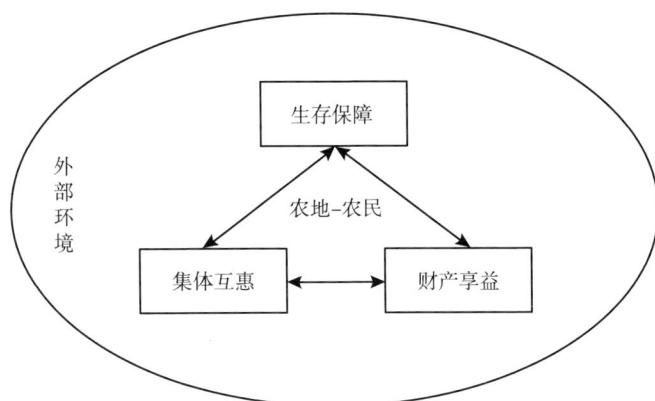

图 3.1 农地福利保障功能类型

3.1.1 土地的生产能力——生存保障

土地是人类安身立命之本，是"一切生产和一切存在的源泉"。自古以来，土地作为自然界万物之源，是最原始的自然物，在人类社会发展中发挥了至关重要的作用。一定面积的土地是维持一定数量的植物生命（也许最终是动物生命）的手段（Marshall，2009）。人类生存最需要的食品以及纤维等生产原料来自土地的生物生产功能（Gentle et al.，2012）。因而，人类发展的历史本质上是不断对土地加以开发利用和对土地覆盖进行改造的历史（吴文斌等，2014）。通过农地的自然资源效用为集体成员解决其生存资料问题，这是农地社会保障的首要功能（韩松，2014）。土地的生产能力不仅给农民带来了生存所需的基本物资，也承担着吸纳农村劳动力就业的基本职能。因为土地的产物大部分是人类劳动的结果。

3.1.2 土地的凝聚能力——集体互惠

在人类发展初期，由于对自然界的了解甚少，而且生产力较低，个人的生存与发展必须依赖于集体，由此而形成氏族（恩格斯，2003）。氏族的繁衍依附于土地，固化的土地促使人们固定在特定的区域上，即往往会以一个或几个家族为主体自然繁衍而扩张形成村庄（胡平江，2014）。这种基于地域相近的地缘与血缘重构的自然村落或宗族，对于个人的生存与发展起到重要作用。在血缘群体以及共同祖先的基础上发展起来的宗族或村落，特别强调共同体意识和互助精神。一定的地域范围内依赖于血缘而形成的天然信任与地缘认同下的集体成员之间的合作互助弥补了个体保障能力的不足，并且成为个人力量不足以对抗天灾人祸时的重要补充（费孝通，2006）。尽管随着社会生产力的发展，人类的经营管理能力得到了较大提升，种植业与饲养业具有多元化的发展趋势，社会生产与生活的基本单位逐渐缩小至家庭单位，意味着血缘纽带的作用越来越小，但是地缘关系却越发重要（马智远，2012）。由此可见，农地背后的地缘关系，成为人与人凝聚于一定的空间范围的载体。

另外，在乡村发展过程中，村民之间长期彼此互动，形成了地理条件和农民活动契合下所能达到的有效范围。这种有效范围实际上隐含了社区成员的权利与义务。一方面，地域相近的村落实际上是典型的"邻里团体"，遵循特定环境中的生产与生活规律。村落的重要事项需要村民的参与，如同一个自然村的村民需要以"邻里"身份参与红白喜事。另一方面，有些公共服务（村庄的社会治安、村民福利等）或生产性、生活性基础设施的维护，需要团体共同提供或者决策（徐勇，1997）。这些公共服务与设施具有俱乐部性质，供团体成员所享用，对村庄以外的人则具有排他性。尤其是在农村集体土地所有制的背景下，农地的社会（文化）产权属性也表现在"集体所有"，这一定程度上契合了"宗族共有"的传统农地产权观念（黄鹏进，2014）。

3.1.3 土地的财产属性——财产享益

农地承载了人类初期的一切生存空间，并随着农地开发能力的增强，不断地提高了农地在社会生产中的作用，使得土地成为最活跃和最直接的财产（马智远，2012）。土地具有生产资料与自然资源的双重属性，明确产权下的土地本质上是一种资产，因其具有财产增值和交换的功能，可以通过参与经济活动产生收入——财产性收入（陈浩等，2015）。按照不同的处置方式，土地收益可以分为两种类型：一是劳动性收益，将土地视为生产性要素，通过耕作土地的劳动获得产品收益；二是财产性收益，将土地视为财产性要素，让渡部分或者所有权利，获得土地资产的运作收益。其中，基于土地而获得的财产性收入是农民财产性收入的重要来源（丁琳琳等，2015）。

3.2 农户分化与土地依赖性

农户是集农业生产与社会功能的基本单位。于我国农户而言，在以往的人民公社制度、早期的城乡二元体制结构等制度性约束下，农户的各种生产要素配置普遍局限于"以农为业、以农为生"，对农地的依赖性较大，农户能力上的比较优势难以表达出来。因而，传统的农户实质上被强制同质化。然而，随着城镇化的发展，农业的就业功能、保障功能也逐渐弱化，特别是非农就业机会的可得性逐渐增加，给予了农村劳动力要素较大的流动自由与动力。农村劳动力不断转移，导致"人地分离"的情况不断增加，农业逐渐变成一些农户的副业。尤其是，社会经济环境的变化，使得农地产权的身份属性也在逐渐弱化，而财产属性却逐渐增强，表现为农地承包期不断延长而新增农村户籍人口难以分到农地，迁出农村户籍的家庭不退地导致农地产权与户籍逐渐分开（赵金龙等，2018）。在这样的现实情境下，农户作为理性经济人，在掌握充分的要素配置权的情景下，更可能基于利益最大化原则，拓展要素的运作空间以谋取更高的经济效益。一方面，将流动性较强的劳动力配置于相对收益率更高的非农行业以追求收益最大化；另一方面则充分利用农地作为非农投资风险的"兜底"性保障以追求成本最小化。由此，农户由封闭型的同质性的农业经营，分化为开放型的异质性的多样化经营。农户分化表达了"以农为业、以农为生"的程度差异与方向性差异，由此导致其土地依赖性的差异。

农户分化导致的农地依赖性的差异将通过其对农地福利保障功能诉求的差异性而显化。农户对于农地功能（生存保障、集体互惠和财产享益）诉求的差异性可以归结为两种类型的依附，一种是生存性依附，另一种是商业性依附。第一，对农地具有较强的生存性依附的农户往往家庭收入水平较低，人力资本比较缺乏，以农业为主，家庭劳动力主要配置于农业生产；又或者家庭劳动力进入非农行业就业面临的风险较高，稳定性较差。因此，这类农户一方面需要土地的生产功能维持家庭生存；另一方面也需要村庄的福利支持。第二，对农地商业性依附程度较强的农户，一般家庭收入水平较高，家庭劳动力资源具有进入非农行业就业的比较优势，劳动力兼业化程度较高。对于这类农户而言，转出土地很大程度上是因为土地的生产功能极度弱化，但是农地还承载了一定的集体互惠，有些农户"恋土情结"比较强烈以及对于村庄归属感比较强烈的，就反而会更注意保护农地、珍惜农地，也意识到农地的增值潜力，将土地作为一种商业投资品，通过流转获得增值空间。简而言之，正是农户分化所隐含的农户对于农地依赖性的差异，进一步导致了农户农地处置行为的差异。

3.3 农户的农地转出：一个多目标决策模型

在特定的社会经济环境中，农户为了实现自身经济利益而对外部经济信号作出的反应就是农户行为（宋洪远，1994）。因此，农户的农地转出行为决策就属于农户行为范畴。为了进一步考察影响农户农地转出行为的影响因素，首先需要明确农户行为研究的经济学假设，以便于为理解其行为动机进行有效理解。关于农户行为的假设主要有"理性小农""有限理性小农""非理性小农"三种类型。"理性小农"假设下，农户是追求利润最大化的理性人，行为受个人利益或家庭福利所推动，以追求自身效用最大化为目标（Popkin，1979；Arriaza et al.，2002；Schultz，1964）。"有限理性小农"假设下，农户受限于环境复杂性与资源有限性，其决策并不能实现帕累托最优，而只能达到相对满意的状态（Simon，1955；Arrow，1985）。"非理性小农"假设下，农户经济不同于资本主义经济，农户行为还受到文化、道德等非经济因素的影响，追求生存安全与保障稳定，倾向于规避风险（Scott，1976；恰亚诺夫，1996；波兰尼，2010）。

对于本书研究内容而言，随着目前农地产权制度的完善以及社会经济的发展，大部分农户已经脱离生存威胁，其行为更接近于"有限理性小农"。已有研究也论证了在农地流转过程中，农户行为选择的有限理性（杨婷等，2015；钟涨宝等，2007）。在"有限理性"假设下，农户能够结合其所面临的内部与外部资源条件而选择一个令其家庭效用最大化的行为方案。换言之，农户的决策行为应当是基于多个目标的。多目标决策模型早期更多地被用于分析农户的生产决策，认为农户在进行生产决策时除了追求利润最大化外，还兼顾生产投入的最小化、风险的最小化等多个目标（Harper et al.，1980；Patrick et al.，1983；Sumpsi et al.，1997）。后期多目标决策模型被广泛运用到农户的其他行为决策中，并且考虑到政策环境以及气候变化等因素的影响，不断增强了多目标决策模型对于农户行为决策的解释力（Power et al.，2011；Galán-Martín et al.，2015；Galán-Martín et al.，2017）。

不少文献认为农户在农业生产决策中存在三大目标，包括利润最大化、劳动力投入最小化与风险最小化（刘莹等，2010；刘莹等，2015；孟雪等，2013；张康洁等，2017）。然而农地流转作为农户家庭的一种资源配置行为，内含于家庭生计决策之中（周娟，2018），其主要目标应该实现家庭福利保障效用的最大化，尤其是在我国目前农村社会保障还不那么完善的现实背景下（Liu et al.，2015）。同时从影响农户农地流转的因素来看，农地流转作为一项交易的成本与风险也是不能忽略的重要因素（van Dijk，2003；江淑斌等，2013），因而农户的另外两个目标应为最小化交易费用与最小化风险预期。

因此，本书考虑三个目标的情景，即最大化福利保障效用、成本控制和风险控制目标，构建关于农户农地租约期限决策的多目标决策模型。

3.3.1 模型假设

借鉴现有文献（刘莹等，2010），并结合农户转出农地的实际情况，提出以下基本假设：第一，农地规模报酬不变。由于家庭承包制度下，农地均分到户导致农户人均耕地面积较小，地块面积差异较小。因而假设农地规模报酬不变，农地面积大小不影响其农业单产水平。第二，农户是农地流转市场的价格接受者，即农地流转市场是完全竞争的，租金水平是外生给定的。第三，农户面临的正式社会保障是相同的，而农地福利保障与其农地面积成正比，不同类型的福利保障是无差异的，并且可替代。

3.3.2 多目标决策模型

根据借鉴多目标效用理论（Robison，1982），农户农地租约期限决策的过程实际上是最大化其三个目标期望效用的过程。可以表达为：

$$\max E\big[U(g_1, g_2, g_3)\big] \tag{3.1}$$

如果保证各个目标之间相互独立，那就满足效用函数的可加性条件，因而公式（3.1）可以表达为：

$$U(g_1, g_2, g_3) = \lambda\big[f_1(g_1), f_2(g_2), f_3(g_3)\big] \tag{3.2}$$

并满足以下条件：

$$0 \leqslant U(g_1, g_2, g_3) \leqslant 1 \tag{3.3}$$

$$0 \leqslant f_1(g_1) \leqslant 1 \tag{3.4}$$

$$0 \leqslant f_2(g_2) \leqslant 1 \tag{3.5}$$

$$0 \leqslant f_3(g_3) \leqslant 1 \tag{3.6}$$

那么公式（3.3）可以简化为：

$$U(g_1, g_2, g_3) = \sum_k \delta_k f_k(g_k), \quad k = 1, 2, 3 \tag{3.7}$$

其中，δ_k 为三个目标的各自权重，并满足目标权重之和为 1 的条件，即：

$$\sum_k \delta_k = 1 \tag{3.8}$$

（1）对于家庭福利保障效用最大化的目标。农户家庭的福利保障 ws 来自多个方面。假设农户享受的社会正式制度保障为 S_{social}，社会非正式制度保障包括村庄社区保障 $S_{village}$ 与农地福利保障 S_{land}。农户转出农地的特征为 L（包括面积、质量等特征），转出期限为 T，那么其得到的福利保障效用可以表达为：

$$g_1 = S_{social} + S_{village} + S_{land} \times \sigma L \times T \tag{3.9}$$

其中，σ 是与农户转出农地租约期限有关的影响系数，刻画农地转出的农地特征对于农地福利保障的影响程度。

（2）对于成本控制的目标。农户转出农地作为一项市场交易，本书假设农地租金水平是市场给定的，那么农户将试图降低其交易费用以实现交易的利润最大化。根据威廉姆森的交易费用分析范式，农户转出农地的交易费用可以表达为：

$$g_2 = \lambda L \times f(c_{asset}, c_{uncert}, c_{freq}, T, \theta) \tag{3.10}$$

其中，c 表示交易费用，c_{asset}、c_{uncert}、c_{freq} 分别表示交易费用的测度指标——资产专用性、不确定性与交易频率，λ 表示转出农地特征对于农地流转交易费用的影响系数，θ 表示村庄特征或者地域特征等其他因素的影响。

（3）对于风险预期最小化的目标。农户的风险来自市场交易中的资源配置风险与缔约中的合约不完全，因而其风险预期可以表达为：

$$g_3 = \gamma L \times f(r_{contract}, r_{resource}, T, \theta) \tag{3.11}$$

其中，r 表示风险预期，$r_{contract}$、$r_{resource}$ 分别表示风险预期的测度指标——合约不完全与资源配置风险，γ 表示转出农地特征对于农地流转风险预期的影响系数，θ 表示村庄特征或者地域特征等其他因素的影响。

综合上述三个农地流转行为的目标，农户的多目标决策函数可以表达为：

$$U = \delta_1 f_1(g_1) - \delta_2 f_2(g_2) - \delta_3 f_3(g_3) \tag{3.12}$$

因此，农户农地租约决策可以表达为：

$$\begin{aligned} \max U = {}& \delta_1 \left(S_{social} + S_{village} + S_{land} \times \sigma L \times T \right) \\ & - \delta_2 \lambda L \times f(c_{asset}, c_{uncert}, c_{freq}, T, \theta) \\ & - \delta_3 \gamma L \times f(r_{contract}, r_{resource}, T, \theta) \end{aligned} \tag{3.13}$$

因而，农户的农地租约期限选择实际上是农户进行多重目标权衡的结果，即既要考虑自身分化程度及其对于农地的依赖性，还需要考虑农地流转交易中的成本与潜在风险。因而可以基于农户的多重目标，构建关于农户农地租约选择的逻辑框架。

3.4　分析线索：农地转出租约期限的决定因素

农地的转出作为农户家庭的一种资源配置行为，内含于家庭生计决策之中（周娟，2018）。对于经济理性假设下的农户而言，其行为决策的主要目标是实现家庭福利保障效用的最大化。自农耕社会以来，农耕始终是民众的主要计生方式，大量自耕农与佃农可以在自己的土地或租借的土地上进行农业生产，以此获得生存与就业保障（侯旭东，2010）。即便在现阶段，由于我国城乡福利资源未能实现均等分配，加之我国农村社会保障的供给中，国家与集体的供给能量很有限，更依赖于家庭层面进行提供，因而农地依旧为那些正式社会保障不能满足其所需的农民提供了一种替代性和基础性的福利保障，并降低了他们的生存风险。因此，农户对于农地的依赖性很大程度上影响了其农地转出行为。

然而，随着社会变迁，农户"以农为业"和"以农为生"的程度不同而出现了一定程度的分化现象，主要体现在农户之间的收入来源与收入结构的差异上。农户分化本质上反映了农户对土地的依赖性差异，这种差异性将进一步影响其农地转出的租约期限决策。农户分化也意味着其对于农地功能诉求的差异，例如"以农为业"的农户对农地仍存在经济依赖与就业依赖，更倾向于将农地视为一种生产要素，反之则更倾向于将农地视为一种财产。由此，与农地保障相关联或互为补充的其他社区保障，作为农户福利保障效用目标的组成内容，也会对农户的农地租约的期限决策产生影响。另外，农地的转出作为一项市场交易，将不可避免地存在交易费用与风险。农户为了实现其福利保障效用的最大化，就需要考虑在不同的交易情景下，选择不同合约所内含的不同的交易费用。在此，本书将引入威廉姆森的交易费用理论，根据资产专用性、不确定性与交易频率三个维度去评估农户转出农地的交易费用。农户将通过交易费用衡量重新缔约的成本，由此决定选择相对长期还是相对短期的合约。农户转出农地过程中不仅存在农地资源、劳动力资源重新配置的风险，还可能因为农地流转租约的不完全而导致履约风险。为了规避风险，农户会考察与转出农地行为相关的风险与合约本身的完全性，由此需要权衡合约的灵活性，进而选择租约期限的长短。

综上所述，在农户分化的现实背景下，农户对于农地有不同的处置行为。农户转出农地的行为决策需要同时考虑福利保障效用目标、成本控制目标与风险控制目标，属于多目标决策行为。基于此，农地租约期限的形成首先受到农户分化的影响，并与其所处的社会福利保障环境有关，还会受到交易过程中的交易费用与风险预期的影响。由此，本书试图构建农户多目标决策模型，分析农户福利保障效用目标、成本控制目标与风险控制目标三个目标情景下的农地租约期限决策机理。由此构建本书的研究框架，具体如图 3.2 所示。

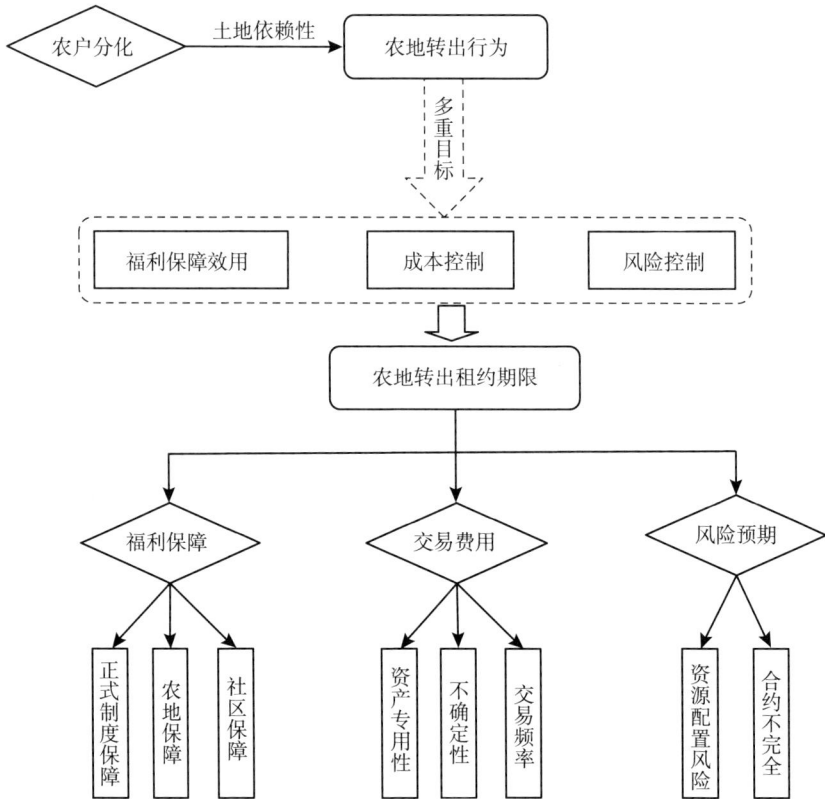

图 3.2　研究框架

3.4.1　农户分化与农地租约期限

随着乡土社会变迁、土地要素市场的发育以及劳动力流动性增强，相对于传统的纯农户，新一代农户在家庭要素配置方面有更大的自由度，但也会因资源禀赋及行为能力差异，而导致家庭就业结构及收入水平出现较大的差异，并且这种差异性通过自我积累的循环使得农户间逐渐发生分化（李宪宝等，2013）。农户分化实际上反映了农村"人－地"关系的变化，因而农户分化对于农地流转的影响也逐渐引起学界的关注（聂建亮等，2014；苏群等，2016；胡新艳等，2017）。

鉴于农地的多重属性及其福利保障功能的多样性，农户分化所体现的农户对于农地依赖性的变化则具体显现在其对于农地福利保障功能诉求的变化上。传统"以农为业、以农为生"的农户倾向于将农地作为一种计生工具，看重的是农地的生存保障功能，而对于其他农户而言：一方面，土地产权越发明晰，农地的财产性功能越发凸显；另一方面，则是农地更可能作为"离农"后的一种情感寄托，或者是与村庄集体保持联系的纽带。由此可推断，农户分化将影响农户的农地转出行为，并进一步影响其转出租约期限的决策。

农地的财产功能体现于农地流转中，即农户在特定的时间内放弃经营权，将可能的耕种收入转换为其他形式的收入。这意味着农地流转可能成为农地福利保障功能转换的路径，如农地的关系型流转便通过将农地流转给村庄熟人，以实现社会资本投资，由此化解农户对农地福利保障功能的依赖（邹宝玲等，2017）。在农地流转的过程中，农地租约的期限表达了农户对于农地福利保障功能不同需求的时间性。农户分化隐含农户对于农地福利保障功能诉求的侧重点不同，进而导致农户对于农地依赖性的差异性。不难推想，如果农户"以农为业"，即家庭劳动力中有较多的务农与兼业劳动者，那么更需要土地作为一种生存工具，因而其转出农地更可能是短期的。如果农户依赖于农业收入，那么更可能是一般性的自给自足的小农经营，更需要集体互惠。由此，农户的农地转出很大程度上是权宜之计或投资于社会资本，倾向于约定一个期限相对灵活的关系型租约。如果农户家庭人力资本较强，意味着其劳动力"离农"的可能性与潜力更大，弱化了其对于农地福利保障的需求，因而更可能达成一个相对长期的农地租约。

已有研究对农户分化的刻画，主要基于四个层面：一是经济层面，例如，农户的就业结构（黎翠梅等，2018）、收入结构与收入水平（王丽双等，2015）；二是农户个体或家庭特征（刘同山等，2014），例如，受教育程度、户主年龄、生计资产价值与配置结构（王利平等，2012）等细化指标层面；三是与农村社会的联系紧密程度，例如，是否拥有城镇住房以及农地流转参与情况（邹伟等，2017）；四是要素配置方式，可以按家庭资源配置将我国农民划分为传统农民、离乡农民、离土农民、新型农民等类型（高帆，

2018）。借鉴现有研究，本书侧重于从农地依赖性的角度衡量农户分化程度。农户的农地依赖性可以分为三个层面：就业依赖、经济依赖与情感依赖。就业依赖主要是从农户家庭劳动力非农就业参与情况进行考察，因为农户家庭外出务工人数越多，则意味着农户对于农地的就业依赖越弱。经济依赖通过农户对于农地转出的租金收取情况进行刻画，作为农地转出农户，农户对于转出农地的租金要价一定程度上反映了其对于农地作为财产的经济收益要求。情感依赖是鉴于农地同时作为一种人格化财产，是农民作为村集体经济组织成员的身份象征，导致农户对农地存在较强的禀赋效应，因而一定程度上会抑制农地流转（钟文晶等，2013）。而这种禀赋效应实际上是农户"农地情结"的量化测度，其大小表达了农户对于农地感情的深浅。通常而言，不同代际农民关于土地的禀赋效应存在显著性差异，而且老一代农民的禀赋效应更显著（胡新艳等，2017）。

综上所述，构建农户分化对农地租约期限影响的分析框架，其逻辑机理表达如图 3.3 所示。

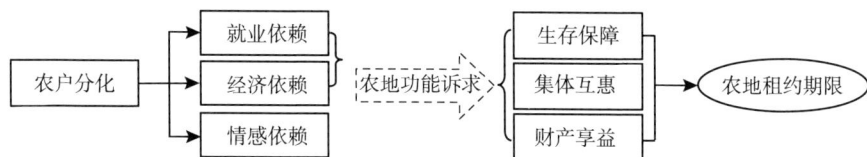

图 3.3　农户分化对农地租约期限的影响

3.4.2　福利保障与农地租约期限

3.4.2.1　农村社会福利保障：正式与非正式

国际劳动组织将社会保障视为人类普遍需要的一项基本人权（ILO，2001），是社会通过举措为个人和家庭提供福利，以保证其能够享有最低生活标准，并防止其因风险和需求而导致的生活标准降低。广义上的社会保障包括国家层面与非国家层面所提供的一切保障（宋士云，2006）。在本书中，我们将农村的社会制度保障也区分为正式制度保障和非正式制度保障两类，前者着重强调现行农村基本的制度性社会保障，如农村养老、医疗等，后者则是基于一般财产性物品（承包地）和基于社区关系网络自我建构和实施的互助型社会保障。

（1）正式制度下的农村社会保障。

已有研究表明，发展中国家的很大一部分人口根本不享有任何社会保障或仅小部分人口享有不完善的社会保障（Beattie，2000），而且社会保障严重依赖于农户劳动力的供给情况（Cook，1998）。而随着我国经济的发展，农村社会保障的内容不断充实，保障条件也逐渐改善。但现阶段农村社会保障仍以家庭自筹保障为主，以国家保障和集体保障为辅，涵盖救助、保险、福利三个层次，包括社会救助、养老保险、优抚安置和社会福利服务四个重点项目，基本内容包括五保供养制度、家庭赡养、土地保障、优待抚恤保障、农村社会养老保险、农村新型合作医疗制度、最低生活保障制度（张培勇等，2014）。目前正式制度的农村社会保障中，五保供养制度针对的是老弱病残等特殊群体，家庭赡养只是通过立法规定老年人有被成年子女赡养的义务，国家并未实际承担赡养职责，而土地保障主要是保护失地农民的基本权益，因而具有普适性的是最低生活保障制度、医疗与养老保险制度。尤其是对农民而言，较为重要的是新型农村合作医疗保险和新型农村社会养老保险。新型农村合作医疗制度是从 2003 年进行试点后便普遍推行的，一定程度上降低了农户的医疗支出，改善了医疗服务条件。2016 年国务院发布的《关于整合城乡居民基本医疗保险制度的意见》，进一步统一了覆盖范围、筹资政策、保障待遇等。而新型农村社会养老保险则是 2009 年开始试点推行的，当时的社会背景是人口老龄化加剧、土地养老功能弱化、土地流转增速。

然而，农村社会保障机制的实施效果并不乐观（Guo et al.，2008）。根据 2007 年发布的《关于完善新型农村合作医疗统筹补偿方案的指导意见》，各地能够自行制定新型农村合作医疗保险统筹报销的指导方案，包括起付线、封顶线、报销比例与补偿范围，导致地域歧视性报销政策的形成（易福金等，2015）。目前全国城乡居民基本养老保险基础养老金尚未能很好满足老年人养老的实际需求（Wang，2006）。同时，也存在政府职能缺位，立法、财政与监管等责任缺失，难以达到新型农村社会养老保险政策实施的预期效果（封铁英等，2012）。另外，村委会在低保户评估工作中，有失公平性、准确性，导致"关系保""人情保"等现象的出现（崔治文等，2016），以及农村社会保障管理法律支持不够、管理无序、地域差异等问题都影响了正式制度保障的效果（陈曦等，2018；王静，2018）。

（2）非正式制度下的保障机制。

由于现阶段我国农村社会保障以家庭自筹保障为主，以国家保障和集体保障为辅（张培勇等，2014），加之目前城乡基础设施供给的割裂性，因而由国家主要发挥作用的正式制度下的社会保障对于农户而言还是很有限的。因此，农民难以获得足够的体制性社会保障，即农民应付生存风险的主要渠道是非正式制度保障。沿袭乡村历史传统，目前非正式制度保障的主要形式有三种：

一是以家庭成员为核心所形成的保障机制。主要以血缘关系、婚姻关系维系的家庭则构成了社会的基本组织单位，为个人的生存、生活提供了保障机制。家庭在其成员遭遇生老病残和生存困难时提供了重要的保障职能（宋士云，2006），并通过血缘基础上的养老敬亲的伦理道德、家庭共有财产以及家法、社会舆论等约束强化了家庭保障功能（张占力，2010）。在封建礼制传统与五伦传统观念下，家庭成员之间责任与义务被明确，父母对孩子有抚养、照顾的责任，而子女应当终身报答父母，由此形成依附于家庭成员身份的家庭保障。

二是以家族为中心所形成的互助型保障机制。以姻亲、血缘为基础的家族加上固定居所而形成的村落，是农民家庭自我保障之外的重要保障来源。人们以家族或宗族共同体的形式聚村而居，能够满足生活（安全保卫、土地继承等）、生产（水利灌溉、桥梁道路）所需。同时村落还隐含着家族或宗族共同体的形成，以及基于共同的价值认同与归属（滕尼斯，1999）。由此，基于血缘人伦的帮扶网络，基于邻里熟人关系而衍生的换工网络以及基于宗族（家族）责任的救助弱势村民的体系都是以家族为中心的互助型保障机制的具体表现（刘伟，2009）。

三是以土地为依托所形成的资源替代型保障机制。土地一直是最重要的生产资料，为人们提供了最基本的生存保障。在农村土地家庭承包制下，农户不仅能够通过农业生产获取收入，还能够通过土地租赁获取租金，满足生活或养老所需。此外，与非农就业相比，农业生产对劳动力的技能和年龄要求更宽松，是更稳定的一种就业保障。如果考虑到农户预期土地持续升值、恋农情结和惜土心理、对社会保障水平预期不足等原因，持有土地将强化农户对于土地的依附性和禀赋效应（胡新艳等，2017；马贤磊等，2017）。因此，土地的福利保障功能为农户提供了资源替代型保障机制。

3.4.2.2 农村社会福利保障对农地租约期限的影响

不少学者认为，农地的福利保障功能替代程度与农地流转间存在互动关系（聂建亮，2018；许庆等，2018；钟涨宝等，2016），体现为改变农户以务农为主的单一就业类型，促进家庭劳动力转移，并形成了多元化的养老模式，最终提高农户的农地转出意愿。然而，正式制度保障存在的问题及其对农地福利保障的替代性则可能导致农地福利保障的长期滞留。一方面，目前农村的正式制度保障严重不足。根据《中国统计年鉴（2018）》，截至 2017 年末，中国乡村人口仍有大约 5.77 亿人，占总人口比例为 41.48%。这表明农村社会保障并不是一个局部问题，而是关系大部分人生存、生活保障以及社会和谐稳定发展的重大问题，更有赖于政府作用的发挥。但是，由于农村人口分散、交通不便，造成农户即使有能力投保，也会因为获取成本高，以及潜在收益的间接性而最终造成对农户的社会保障无法全面覆盖，更何况农村地区存在的大量经济条件仅能够满足当前生活所需而不能过多考虑未来的农户（葛庆敏等，2011）。因此，在城乡二元社会保障制度的长期影响下，不均等与不平等的问题依旧严峻。而且，目前农村社会保障还处于改革的初级阶段，制度化程度不高，其保障作用也相对有限。因此，在考虑养老保障、失业保障等社会保障不足的先验情景后，就不难理解农户在面临着非农就业风险时选择不转出或短期转出农地。另外，农户农地流转并非简单的农地福利保障及其替代性问题。基于事实与意愿的分析表明，正式制度保障并不能促进农地经营权的流转，一定程度上反映了农户对农地不仅具有福利保障需求，还存在财产性功能的诉求（罗必良，2013）。而且，正式制度保障程度的提高不仅未能弱化农户对农地的禀赋效应，反而进一步激发了农户对土地的价值幻觉，导致农地流转滞后（钟文晶，2013）。

当国家无力承担对广大农村地区社会保障的投入时，以土地和家庭为主的保障将作为重要补充机制。但在当前的社会结构变迁中，传统文化观念的转变，加上家庭规模逐渐缩小以及成员逐渐分散化，家庭的社会保障功能持续受到冲击，例如，大部分农村养老模式从"养儿防老"转变为"以地养老"（李永萍，2015）。尽管农地为农户提供了一定保障功能，但是农地福利保障的实现依赖于农业经营获得的生产性收入或租赁所得的财产性收入，即仍依赖于农产品市场与农地要素市场发育，进而导致其并不能直接转化为有效保障。此外，在现有的社会环境下，农地本身并不具备承担农民生活、医疗保障以及抵御自然灾害风险、疾病、伤残等的能力，并将随着农村社会转型而被弱化（罗必良等，2012）。

在这样的现实背景下，乡亲邻里的社区互助保障的重要性就凸显出来了。村庄中成员汇聚组成紧密相连的、地缘（乡亲邻里）与血缘（家族成员）关系合而为一的利益共同体，并通过长期生活在一定地域范围内的社会化作用形成了"地方性共识"。人情往来作为熟人社会中的生活规则，不断发挥作用并导致"内部化"，从而强化"自己人认同"下的互惠互助行为（陈柏峰，2014）。血缘关系和伦理关系及其衍生的人情交换则是村庄社会资本的核心，人情交换既是该类型村庄人际交往的准则，也是构成邻里互助的基础。换言之，在邻里关系良好的村庄，社会资本形成了强有力的村庄保障体系，能够替代土地福利保障的作用。因此，农地的关系型流转——将农地流转给村庄熟人作为一种社会资本投资，作为连接社区和加强熟人间社会关系的工具，就能够化解农户对农地福利保障功能的依赖。而且熟人社区间形成的"声誉"机制，也为农户转出期间农地质量、用途的保障提供了稳定预期（罗必良，2014）。简而言之，农地转出给社区"熟人"本质上就是社区保障对于农地福利保障的替代。

综上所述，对于要转出农地的农户而言，其转出农地一定程度上放弃了农地福利保障，而更依赖于其他类型的社会福利保障。换言之，对于农地转出农户而言，农地福利保障已经不那么重要，因而其农地租约期限的决策更需要考虑的是农村社会正式制度保障和农村社区保障。为此，农村社会福利保障对农地租约期限的影响可以表达如图 3.4 所示。

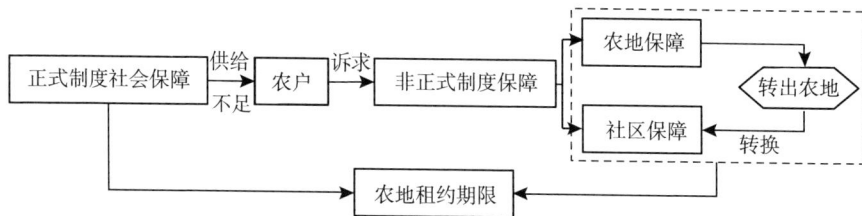

图 3.4 福利保障对农地租约期限的影响

3.4.3　交易费用与农地租约期限

交易费用是与交易行为密切相关的费用，是为了交易的执行的一切投入（Wallis et al.，1986）。交易费用可以认为是经济交易的达成所涉及的谈判、缔约等费用（Coase，1937），也可以认为是经济系统的运行成本（Arrow，1969）。按照时间顺序，交易费用可以分为事前交易费用和事后交易费用两个部分，其中事前交易费用包含交易协议的起草、谈判费用与确保协议执行的保障费用；而事后交易费用则包含修正协议、约束协议、重新谈判等费用（Williamson，1985）。交易费用是经济主体之间知识、信息不对称的结果，是无法彻底消除的。

农户参与农地流转实质上是达成了一项交易，交易的达成则意味着契约关系的形成（Williamson，1979；Cheung，1969）。农户转出农地，一方面追求自身福利保障效用最大化；另一方面又希望能够规避农地出租的风险。降低其中的成本，减少可能的损失，就是降低风险的重要方面。因此，为了考察不同的契约关系及其选择，需要从交易的可观测性测度交易成本着手（Williamson，1985）。农地租约作为一种契约安排，其租约期限就是契约的基本属性之一，也是缔约的重要组成部分（Guriev et al.，2005）。鉴于威廉姆森的交易费用理论能够很好地满足农户有限理性与机会主义的前提假设，能够有效辨识交易费用的不同方面以促进交易的微观分析，同时揭示了交易特性、交易形式与组织制度之间的关联性（罗必良等，2010；Williamson，1979），本书以威廉姆森的交易费用理论作为分析范式，探究交易费用对农地租约期限的影响。

关于交易费用与契约安排的内在联系，威廉姆森的交易费用理论认为，交易的专用性越高、不确定性越大、交易频率越高，契约期限就越长，长期契约比短期契约的治理效应就会更为明显。威廉姆森从三个方面测度交易费用，包括资产专用性、不确定性、交易频率。首先，资产专用性可以按照性质划分为五类，分别是：物质资产专用性、人力资产专用性、地理区位专用性、名牌商标资产以及完全为特定协约服务的资产；其次，确定性是指与交易特性有关的各种内外部条件的不确定性质；最后，交易频率是指同类交易的重复发生的次数（Williamson，1985）。对于农户转出农地中对农地租约期限的决策问题，可以进行如下分析。

（1）资产专用性。

资产专用性具有预测的作用，并能够对交易活动产生"锁定"效应（Williamson，1979）。与其他行业相比，投资及其专用性将所得农业资产更易于"沉淀"，即缺乏流动性。有研究指出，农业领域为了避免投资形成的锁定效应，租赁土地的经营者大多会选择耕种一年期以内能够收获的庄稼，如水稻、蔬菜、甜菜、棉花或麦子等（Klein et al.，1978）。相反，那些用于种植果树（如木本类的坚果、苹果以及葡萄藤等）的土地及其所匹配的投资，由于具有显著的专用性，则往往是种植者自己拥有土地。由此，专用性投资及其面临的风险将一些潜在的土地租佃需求者挡在了门外。可见，农业的土地经营所形成的资产专用性特征，对农地流转的租约期限选择具有内生决定的特征性质（钟文晶等，2014）。为此，可以猜想如果农户的专用生产性资产投入越多，那么，农户转出农地时越倾向于选择短期租约。应该强调，专用性投资与其土地资源禀赋紧密关联。对于质量较好的耕地，显然便于机器耕作。如果农户转出农地，无疑会倾向于选择有专用性投资匹配的承租主体，其农地租约可能是相对长期的。此外，农户的人力资本及其专用性也会影响其农地流转及其期限选择。一方面，农户家庭劳动力平均受教育程度越高，其外出就业的可能性越大，将倾向于选择长期租约；另一方面，农户家庭工资收入占比越高，那么农户对于农地的生存依赖性也就越弱，越可能长期转出农地。

（2）不确定性。

在土地租赁市场，农户缔约行为的不确定性会导致农户在转出农地过程中的风险判断，进而影响其农地转出租约的期限决策。农户缔约行为的不确定性主要来自农户与承租方之间的信息不对称。信息不对称分为两种情形：一是隐藏信息；二是隐藏行动（Arrow，1985）。农户的甄别主要源于经验判断。在乡土社会，人际关系呈现明显的差序格局（费孝通，2006），因而信息甄别很大程度上取决于关系亲疏所决定的信任机制。按照信任的发生类型，可将其形成方式归为三类：第一，源自交往、交易经验（Bradach et al.，1989），而且经验的多次重复将增加合作的机会；第二，源自共有的社会、文化特性，强调团体成员的身份、资格和熟悉度；第三，源自集体规则、社会规范和制度。因此，对于一个农户而言，主要存在两类信任机制：一个是基于村庄传统熟人社会而形成的关系信任；另一个是基于开放市场社会而形成的商业信任。关系信任强调的是基于血缘、亲缘关系，社会交往较多而形成的无条件信任；而商业信任强调的是承租方经营能力与投资能力所形成的可持续经营信心与稳定预期。由此，其一，关系越是亲密，彼此越熟悉，那么一系列的短期租约足以维持租约关系，并达到长期租约的效果；其二，即使关系的亲密程度不高，但随着相互交往的增多，同样会建立相应的信任机制。

因此，农户为了预期的确定性可以进行权衡抉择。可以设想这样的两种情景，如果一个农户只是为了外出就业而避免农地抛荒，需要找人"看护"农地，又需要同时确保自己能够随时回归农业就业，或者满足自己对于农地的控制权，那么农户将不会进行长期流转，农户的权宜之计是将农地流转给值得信任的熟人，通过关系信任机制保证农地转出的确定性。因为农户相信熟人间的可谈判空间很大，重新谈判的成本极小，也只有熟人才可能愿意接受这样的租约，允许出租农户随时拿回农地。但是，如果农户出租农地是为了保证农地的可持续利用，获取更多的租金收益，那么农户更倾向于选择开放市场中的有能力的经营主体，以期许承租方能够对农地进行生产性投资，并有能力持续支付足够高的租金，从而选择规范的长期租约。而且，一般市场化的农业经营主体也只接受相对长期的正式租约。因此，农户将农地转出给不同的经营主体所隐含的农户与潜在的承租者之间的亲疏关系，很大程度上反映了农地转出租约的可执行性与预期的稳定性，同时可以刻画农户转出农地过程中的不确定性程度。

（3）交易频率。

农地的交易频率实际上表达了农户风险分担的可能性，其交易频率越高，也就意味着农户越容易改善流转交易的灵活性，从而相机调整转出农地的租约期限。农地的交易频率可从两个方面测度：一是针对"交易规模"即农地经营权流转的多少而言。一般来说，农户转出的农地面积占自家承包地的面积比例越大，交易频率越高。在这种情形下，进行经常性的缔约活动，无疑会面临较高的交易费用。因此，签订长期合同无疑是一种理性的选择。二是针对"交易主体"即流转对象的多少而言。换言之，农户所分配的承包地地块数越多，农地经营权可分性越强，转给不同的承租主体的可能性越大，为了保证对交易关系进行灵活的适应性调整，农户更可能选择短期租约。

综上所述，采用威廉姆森分析范式，从资产专用性、不确定性、交易频率三个维度测度农地转出的交易费用，可以构建以下分析框架，如图 3.5 所示。

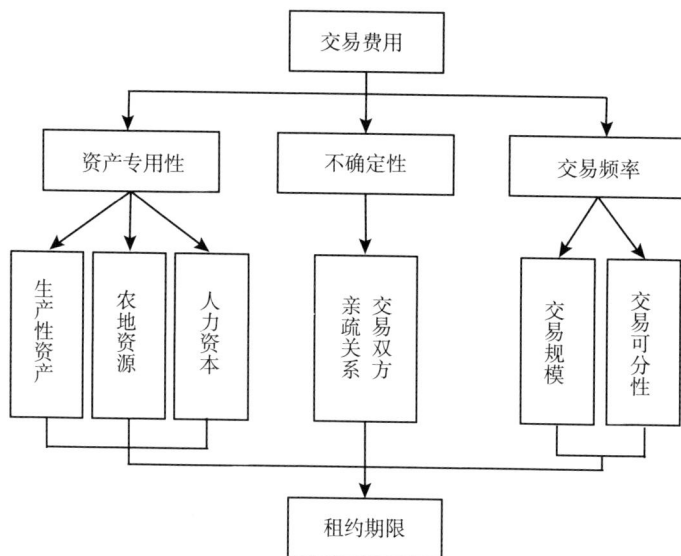

图 3.5 交易费用对农地租约期限的影响

3.4.4 风险预期与农地租约期限

农地作为农村重要的生产资料，往往被视为农民生存依赖的"命根子"，至今仍然在农户的生存和基本社会保障方面占有重要地位。农地对于农户的福利保障主要包括两个方面：一方面，是农地本身所能提供的生存保障、生活保障、就业保障、养老保障等。农户可以通过农地生产满足自身消费或者获得农产品销售收入，通过出租农地获得租金收入，通过征地获得补偿以及子孙对农地的继承等。另一方面，农地作为农民身份的象征，是连接农民与村庄社区以及农村集体经济组织的重要工具，是参与社区活动和分享社区公共福利的重要凭证。农地流转作为一项交易，难免会存在不可预期的不确定性，也就是风险是客观存在的。而行为主体的风险态度与风险感知交互影响着其风险决策（Arrow，1971）。因此，农户对其参与农地流转时的风险预期必然对农地流转决策产生不可忽视的影响。农户对农地流转的风险预期较高将在一定程度上降低农户参与长期流转的积极性，并导致难以形成长期稳定的合约关系。

农地的转出作为一种资源配置行为，实际上不仅牵涉到农地资源本身的配置，还与家庭劳动力资源配置紧密相关。已有研究指出，农户转出农地的主要是家庭劳动力与农地资源不再匹配而做出的资源重新配置，"人－地"资源不匹配的原因可能是家庭劳动力的自然减少（叶剑平等，2010）或者是家庭主要劳动力外出打工或经商导致家庭缺乏劳动力（毛飞等，2012）。基于此，农户转出农地的风险预期主要源自以下几个方面：

（1）资源配置引起的风险。包括家庭劳动力资源非农就业配置而带来的就业风险，以及农地资源配置而隐含的农地产权风险。第一，就业风险。已有研究指出农户家庭劳动力转移会显著影响农地转出（胡新艳等，2019），因而农户转出农地主要是因为家庭劳动力配置调整，其转出农地的主要风险来自非农就业的不稳定性。已有研究也强调了农户非农就业的不稳定（许庆等，2018；刘玉成等，2018），转出农地农户可能会在某个特定时间返回农村务农（徐珍源等，2010）。而这种就业的不稳定直接导致了农户面临非农就业上的风险。第二，农地产权风险。对于农地流转而言，农地经营权是农地市场交易的具体对象，因而农地产权的稳定性及其明确性对于农地流转可能存在影响。其中，农地调整状况与农地确权情况经常作为农地产权分析的两个重要维度（陈昭玖等，2016；林文声等，2017）。农地调整得越多，则农户对于农地的产权稳定性预期越差，增加了农户对于农地长期转出的风险预期，结果导致其越难以长期转出农地。而农地在法律层面的确权将给予农户更有力的农地权益保障。明确的土地产权不仅能够纠正和缓解农业生产活动的外部不经济性（Feder et al.，1998），并且能够促进农业生产性投资（Ma et al.，2013），而产权不完全则阻碍了土地市场的发展（Holden et al.，2007，2011，2016）。因而，不少研究认同农地确权会提高农户在农地流转市场的参与率（刘玥汐等，2016），对农地流转存在正向影响（程令国等，2016；李静，2018）。

（2）农地租约本身的不完全引起的风险。合约是践履承诺的保证，但是现实中普遍存在着信息不对称与信息不完全，导致缔约双方很可能存在机会主义行为或者是道德风险问题（Kahneman et al.，1979）。农地流转中的信息不对称主要来源于两个方面：第一，在签约之前，双方清楚自己的身份类型和禀赋特征，但不能完全掌握对方的信息以及判断对方的承诺能力，即双方是否能够严格遵守合约条款和未来的行为规范等存在不确定性。第二，签订合约后，承租者对农地经营行为具有信息优势，包括农地的利用处置、耕种方式以及经营中的质量变化等，而出租农户则难以观察到土壤质量的变化，在监督方面存在较高的成本。

因此，为了避免合约执行中的纠纷与争端，合约形式的规范性与合约内容的完备性就很关键（罗必良等，2013）。基于个体的有限理性，外部环境的不确定性、复杂性，信息的难以观察性或可证实性，以及在交易成本约束下，许多意外事件或可能性情形被无意或有意遗漏，导致租约的不完全缔约是必然的（Grossman et al.，1986）。因此，合约的不完全是常态。对于合约不完全带来的潜在风险所导致的效率损失问题，主要有五种解决办法：第一，借助于法律干预，通过法庭否决契约或通过可证实的条款使其强制性执行；第二，制定赔偿措施；第三，通过企业、市场机制、科层制度或混合形式（互惠、特许经营或抵押等）来解决；第四，通过资产所有权或剩余控制权的配置，实现总剩余最大化的产权结构；第五，借助于机制设计，进行简单的选择性合约与再谈判设计，促进履约水平（杨瑞龙等，2006）。在农地租约的缔约过程中，考虑到降低缔约成本以及签约后的执行成本，农户选择正式的书面合约可能比口头合约更有利于借助法律执行合约条款。基于此，农地转出租约形式的规范程度可能影响农户转出农地的风险预期，进而影响其农地租约期限决策。

综上所述，可以构建如图 3.6 所示的风险预期对农地租约期限的影响分析框架。

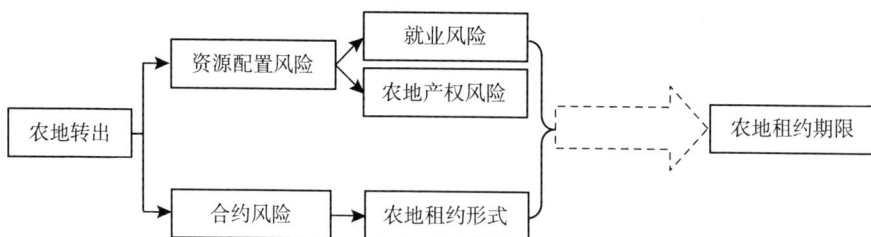

图 3.6 风险预期对农地租约期限的影响

3.5　本 章 小 结

　　农户的农地转出是其作为"理性经济人"权衡自身资源禀赋配置及其福利保障功能需求，以及考虑成本与风险而做出的决策。因而，农地租约期限的形成不仅受到农户分化的影响，还受到农户所处的社会福利保障的影响。同时，不同交易情境下的交易费用以及农地转出过程中的资源配置、合约不完全所带来的风险也是影响农户农地租约期限决策的重要因素。因此，本章首先阐释农地性质及其福利保障功能；其次说明农户分化背景下，农户对于农地依赖性的差异；最后基于农户分化、福利保障、交易费用、风险预期四个角度构建本章的研究框架。研究框架的第一部分内容是论述在农村社会变迁的背景下，农户分化对农地租约期限的影响，该内容为本书第 5 章实证分析提供理论支撑；第二部分内容阐明农户的三种类型的福利保障对农地租约期限的影响，该内容为本书的第 6 章实证分析提供理论支撑；第三部分内容是从资产专用性、不确定性与交易频率三个维度分析交易费用对农地租约期限的影响，该内容为本书的第 7 章实证分析提供理论支撑；第四部分内容是基于风险角度，讨论资源配置、合约不完全对农地租约期限的影响，该内容为本书的第 8 章实证分析提供理论支撑。

| 第 4 章 |

数据来源与样本描述

4.1 数 据 来 源

本书的实证分析数据来自国家自然科学基金
重点项目"农村土地与相关要素市场培育与改革
研究"的农户调查问卷。农户问卷主要询问户
主,获取了户主的基本信息,以及农户家庭基本
信息(含人口结构、社会资源、耕地资源、家庭
收入等)、耕地流转特征、农业生产与就业等三
个方面进行了内容设计。问卷具体内容见本书
附录。

该问卷调查从 33 个省(区、市)中选取了 9
个代表性的省(区)以考察农村土地资源利用和
社会经济状况。具体调研抽样的主要步骤分为:
第一,利用 2012 年度《中国统计年鉴》,按照各
省(区)的总人口、人均地区生产总值(GDP)、
耕地总面积、耕地面积比重(耕地面积占省份国
土面积的比重)、农业人口占省份总人口比重和
农业产值占省份 GDP 的比重 6 个指标的聚类特
征,并结合中国七大地理分区,最终选定的样本

区域为广东、贵州、河南、江苏、江西、辽宁、宁夏、山西和四川。第二，
在此基础上，课题组进一步根据上述 6 个指标对各省（区）的县域进行聚
类分析，并在各省（区）分别选择 6 个县，合计 54 个县。最后，根据人均
GDP 和地理分布在各县中选择了 4 个镇，每个镇选择了一个行政村，每个
行政村又选择了 2 个自然村，并在每个自然村中随机选择 5 个农户，因此
各省（区）理想样本量为 240 户。

　　为了进一步加强区域间的比较，课题组将广东和江西的样本数增加到
600 户。最终发出调查问卷 2880 份，回收有效问卷 2704 份，问卷有效率
93.89%。调查样本的分布如表 4.1 所示。

表 4.1　　　　　　　　　　　　样本分布

省（区）	样本（户）	比率（%）	省（区）	样本（户）	比率（%）
广东	547	20.23	辽宁	221	8.17
贵州	239	8.84	宁夏	226	8.36
河南	230	8.51	山西	201	7.43
江苏	239	8.84	四川	214	7.91
江西	587	21.71	合计	2704	100.00

4.2　农地流转与租约特征

　　在 2704 户农户样本中，转出农地的农户有 614 户，转入农地的农户有
326 户，占比分别为 22.71%、12.06%。转入农地与转出农地的农户在不同
省（区）之间的分布如图 4.1 所示。由图 4.1 可以看出，江苏、河南、江西
与四川的农户中参与农地转出的比例较大，其中江苏样本农户中转出农地的
农户数量占比高达 41.84%。而河南、宁夏、贵州转让农地的农户比例较高，
表明农地流转确实存在区域差异。

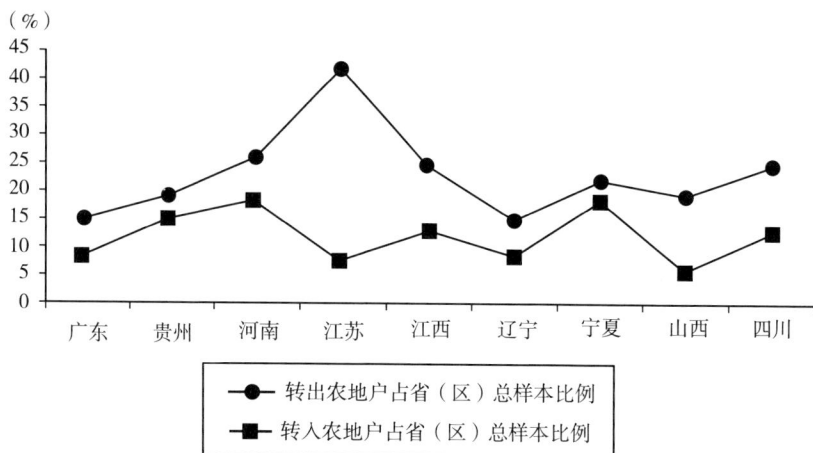

图4.1 9个省（区）参与农地流转的农户比例

资料来源：课题组农户问卷调查数据。

图4.2 显示了调研的9个省（区）农户的家庭收入情况。可以看出，江苏的相对较高收入（10万元以上）的农户比例较高，因而该省农地转出户比例较高符合已有研究的观点——经济发达地区农地流转市场比较活跃。而宁夏样本农户中家庭年收入在1万元以下、1万~3万元的农户较多，因而其转入农地的农户比例较高，说明该地区以农业发展为主。

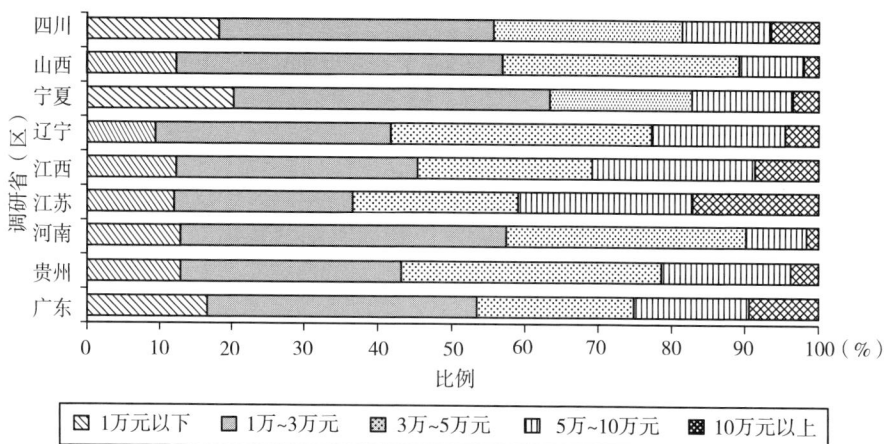

图4.2 9个省（区）样本农户家庭收入情况

资料来源：课题组农户问卷调查数据。

表 4.2 描述了样本农户农地流转的平均面积与租金情况。其中，转出农地的 614 户农户中，其转出农地的户均面积为 5.81 亩，平均租金约为 712.01元/亩·年；而转入农地的 326 户农户中，其转入农地的户均面积 23.74 亩，租金大约为 280.44 元/亩·年。由此可见，农户转出农地的面积受到其集体所分配的承包地面积的限制，一般也不会太大，而转入农地农户可以从不同的农户手中同时转出农地，以满足自己农业生产规模扩张的需求。

表 4.2 样本农户农地流转平均面积与租金

流转类型	样本数（户）	户均面积（亩）	流转租金（元/亩·年）
转出农地	614	5.81	712.01
转入农地	326	23.74	280.44

资料来源：课题组农户问卷调查数据。

表 4.3 报告了样本农户农地流转的质量与流转方式。在农地流转市场中，农地质量为一般的在参与农地流转农户中占比超过一半，而转出农地质量为较好的农户占比高达 41.37%，转入农地质量为较好的农户占比大约为30.06%，流转农地质量为较差的农户比例较小。结果说明，农地质量较好或者一般的更容易在农地流转市场中达成交易。不管是转入农地还是转出农地，双方协商的流转方式在三种流转方式中占据主导地位，集体统一进行流转的方式并不普遍。

表 4.3 样本农户流转农地的质量与方式

流转类型		农地质量			流转方式		
		较好	一般	较差	集体统一	双方协商	两者兼有
转出	样本（户）	254	330	30	182	370	62
	比例（%）	41.37	53.75	4.89	29.64	60.26	10.10
转入	样本（户）	98	190	38	18	286	22
	比例（%）	30.06	58.28	11.66	5.52	87.73	6.75

资料来源：课题组农户问卷调查数据。

一般来说，农户在农地流转中，可能将不同的地块转给不同的主体或者从不同的对象中转入农地。为了避免小块而零碎的农地流转会影响到合约分析的准确性，在问卷设计中，以转出农地为例，我们采用了如下的询问方式："最大的地块以及多数的耕地转给了谁？签订了什么样的合约？约定的转出期限是多久？……"。

表 4.4 展示了样本农户在参与农地流转中形成的租约情况。其中，在转出农地的交易中，有 45.93% 的农户签订了书面合约，但是有 28.01% 的农户表示并没有明确的合约约定，还有 26.06% 的农户是通过口头合约达成了流转交易。在转入农地的交易中，签订书面合约的农户比较少，只有约 30.06%，另外大约 34.05% 的农户转入农地是没有合约的，还有近 35.89% 的农户是通过口头合约转入农地。结果显示，样本农户的农地流转的规范化程度还比较低。

表 4.4   农地流转中的租约形式

合约形式	转出农地		转入农地	
	样本（户）	比例（%）	样本（户）	比例（%）
没有合约	172	28.01	111	34.05
口头合约	160	26.06	117	35.89
书面合约	282	45.93	98	30.06
合计	614	100.00	326	100.00

资料来源：课题组农户问卷调查数据。

表 4.5 是针对农地流转对象统计而得的结果。由表 4.5 可以看到，亲友邻居是农户的主要流转对象，在转出农地与转入农地的交易中分别占比约为 29.48%、67.48%。其次，同村农户也是主要的流转对象，说明农地流转交易主要范围还是在同村庄内，跨村农地流转现象还比较少见。由于集体统一流转的交易形式也不多，组织主体作为流转对象的比例也是比较低的。

表 4.5   农地流转对象

流转对象	转出农地		转入农地	
	样本（户）	比例（%）	样本（户）	比例（%）
亲友邻居	181	29.48	220	67.48
同村农户	218	35.50	87	26.69

流转对象	转出农地		转入农地	
	样本（户）	比例（%）	样本（户）	比例（%）
外村农户	124	20.20	0	0.00
组织主体	91	14.82	19	5.83
合计	614	100.00	326	100.00

注："亲友邻居"对应调查问卷中"A. 亲戚""B. 邻居"，"同村农户"对应"C. 本村的普通农户""D. 本地的生产大户"，"外村农户"对应"E. 外来的普通农户""F. 外来的生产大户"，"组织主体"对应"G. 龙头企业""H. 农业合作社""I. 村集体"。

资料来源：课题组农户问卷调查数据。

表4.6 统计了农地租约期限。由表4.6 可以看到，农地租约期限为不定期的农户数量并不少，在转出农地中占比约为 36.64%，在转入农地中占比更是高达 44.79%。此外，相对短期的租约的比例也不低，租期为 3 年以内的农地租约在转出农地与转入农地的交易中分别占 25.73%、31.59%。

表 4.6 农地租约期限

租约期限	转出农地		转入农地	
	样本（户）	比例（%）	样本（户）	比例（%）
3 年以内	158	25.73	103	31.59
4~5 年	77	12.54	26	7.98
5 年以上	154	25.08	51	15.64
不定期	225	36.64	146	44.79
合计	614	100.00	326	100.00

注：考虑到农作物生长周期，农地流转期限通常按整年计算。
资料来源：课题组农户问卷调查数据。

4.3 转出农地农户与农地租约期限特征

4.3.1 转出农地农户特征

表4.7 展示了转出农地的 614 户样本农户的个人特征与家庭特征。从

表4.7可以看出，被调查的转出农地的农户中，男性比女性多大约20%。转出农地农户平均年龄为43.42岁。大部分农户具有初中学历，占转出农地农户样本的40.88%，还有约29.32%的农户仅具有小学及以下学历。高中学历与高中以上学历的农户较少，其占比分别为16.29%、13.52%。

表4.7 **转出农地农户的个体与家庭特征（$N=614$）**

变量		样本（户）	比例（%）
性别	男性	368	59.93
	女性	246	40.07
文化程度	小学及以下	180	29.32
	初中	251	40.88
	高中	100	16.29
	高中以上	83	13.52
家庭收入	1万元以下	75	12.21
	1万~3万元	222	36.16
	3万~5万元	156	25.41
	5万~10万元	106	17.26
	>10万元以上	55	8.96

变量	均值	标准差
年龄（岁）	43.42	15.12
家庭人口数（人）	4.36	1.63
家庭劳动力（人）	3.05	1.22
务农劳动力（人）	0.74	0.95
兼业劳动力（人）	0.73	0.98
家庭承包地（亩）	6.95	20.91
承包地块数（块）	5.46	4.71
农业机械价值（元）	2753.29	14692.95
农业收入占比（%）	31.16	32.36
务工收入占比（%）	50.73	37.47

资料来源：课题组农户问卷调查数据。

转出农地农户的家庭收入并没有明显的集中趋势。样本中家庭收入范围在 1 万~3 万元的比例最高，为 36.16%；其次是家庭收入范围为 3 万~5 万元的农户，其占比为 25.41%；收入较低（1 万元以下）的农户与收入很高（10 万元以上）的农户比例都比较小，均在 10% 左右。从家庭收入结构来看，转出农地农户的家庭收入中，农业收入占比均值为 31.16%，务工收入占比均值高达 50.73%。

资源禀赋方面，转出农地农户的家庭平均人口大约为 4.36 人，家庭劳动力平均为 31.05 人。家庭劳动力中，务农劳动力均值为 0.74 人，兼业劳动力为 0.73 人。转出农地农户在村集体中获得的家庭承包地的户均面积大约为 7 亩，地块数大约为 5 块。家庭拥有的农业机械设备价值平均达到 2753.29 元。

4.3.2 农户分化与农地租约期限

根据前面一章的理论分析部分所提到的农户分化所体现的农户对于农地依赖性的变化可能影响农户农地转出租约期限的决策，因而此处对农户特征及其转出农地的租约期限进行统计分析。具体结果如表 4.8 所示。

表 4.8 农户分化与农地租约期限选择（$N = 614$）

农户分化	类型	项目	3 年以内	4~5 年	5 年以上	不定期	合计
家庭外出务工人员比率	0	样本（户）	51	15	39	48	153
		比例（%）	33.33	9.8	25.49	31.37	100.00
	0~0.5	样本（户）	51	37	63	64	215
		比例（%）	23.72	17.21	29.3	29.77	100.00
	0.5 以上	样本（户）	56	25	52	113	246
		比例（%）	22.76	10.16	21.14	45.93	100.00
转出农地收取租金	是	样本（户）	118	75	142	115	450
		比例（%）	26.22	16.67	31.56	25.56	100.00
	否	样本（户）	40	2	12	110	164
		比例（%）	24.39	1.22	7.32	67.07	100.00

续表

农户分化	类型	项目	3 年以内	4~5 年	5 年以上	不定期	合计
禀赋效应	1 以内	样本（户）	77	37	73	130	317
		比例（%）	24.29	11.67	23.03	41.01	100.00
	1.1~1.5	样本（户）	48	31	42	72	193
		比例（%）	24.87	16.06	21.76	37.31	100.00
	1.5 以上	样本（户）	33	9	39	23	104
		比例（%）	31.73	8.65	37.50	22.12	100.00

注：禀赋效应为农户意愿转出土地价格与意愿转入价格的比值。
资料来源：课题组农户问卷调查数据。

根据表4.8的统计结果显示，大约24.9%的样本农户家庭没有外出务工劳动力，有35.0%的样本农户家庭外出务工人员比率在0.5范围内，而有40.1%的样本农户的家庭外出务工人员比率高于0.5。结果说明不少农户的家庭劳动力已经进入非农就业领域，体现了农户家庭劳动力就业结构上的分化。与家庭外出务工人数比率相对应的农地租约期限统计结果显示，家庭外出务工人员比率越低，农户选择3年以内租约期限的比例越高，而选择不定期的租约的比例越低。相比其他两类农户，家庭外出务工人员比率处于0~0.5的农户选择4~5年与5年以上期限的农地租约的比例较高。结果说明，农户对于农地的就业依赖性越弱，其选择长期租约的可能性越小，而选择不定期租约的可能性越大。

关于农户是否在转出农地过程中收取租金的统计结果显示，73.3%的样本农户会收取租金，而还有26.7%的农户没有收取任何形式的租金。由此也导致了两类农户在租约期限决策上的较大差异，具体体现为，收取农地租金的农户选择4~5年与5年以上租约的比例比未收取农地租约的农户高出很多，而选择不定期租约的比例则低很多。未收取农地租金的农户中，高达67.07%的农户选择了不定期租约。

禀赋效应体现了农地对于农户而言的价值，因而禀赋效应越高，则农地对于农户而言价值越高。从统计结果来看，超过一半的农户的禀赋效应在1以内，而禀赋效应在1.5以上的农户占比仅为将近17%，表示不少农户并未对农地赋予较高的价值。禀赋效应越高的农户，选择 3 年以内租约与 5 年以上租约的比例越高，而选择不定期租约的比例逐渐减少。

4.3.3　福利保障与农地租约期限

通过多个指标对农户的农地福利保障、社会正式制度保障和农村社区保障进行测算与量化处理，得到样本农户农地福利保障、社会正式制度保障和农村社区保障三类保障的分值。分值越高，表示农户对该类型的保障依赖性越强或该类型的福利保障在农户的福利保障的组成中越重要。按照分值均值将三类保障分为两组，其中分值低于均值的设为保障低的一组，分值在均值及以上的设为保障高的一组。在分组的基础上，对福利保障与农地租约期限进行统计，具体如表 4.9 所示。

表 4.9　　　　　　　福利保障与农地租约期限选择（$N=614$）

福利保障类型	分组	项目	3 年以内	4~5 年	5 年以上	不定期	合计
农地福利保障	低	样本（户）	117	60	114	174	465
		比例（%）	25.16	12.90	24.52	37.42	100.00
	高	样本（户）	41	17	40	51	149
		比例（%）	27.52	11.41	26.85	34.23	100.00
社会正式制度保障	低	样本（户）	67	31	63	106	267
		比例（%）	25.09	11.61	23.60	39.70	100.00
	高	样本（户）	91	46	91	119	347
		比例（%）	26.22	13.26	26.22	34.29	100.00
农村社区保障	低	样本（户）	109	51	98	155	413
		比例（%）	26.39	12.35	23.73	37.53	100.00
	高	样本（户）	49	26	56	70	201
		比例（%）	24.38	12.94	27.86	34.83	100.00

资料来源：课题组农户问卷调查数据。

从表 4.9 可以看出，农地福利保障较低的一组农户选择不定期或者 4~5

年期限的租约的比例较大，而农地福利保障较高的一组农户选择3年以内相对短期以及5年以上相对长期租约的比例较大。同时可以看出，相对于社会正式制度保障较低的一组农户，社会正式制度保障较高的一组农户选择4~5年与5年以上相对长期的租约的比例增加，而选择不定期租约的比例降低。农村社区保障较高的一组农户选择5年以上长期租约的比例要比农村社区保障较低的一组农户要高，而选择3年以内短期租约与不定期租约的比例均有所降低。结果说明，处于不同社会福利保障下的农户，其租约期限决策存在一定的差异。

4.3.4 交易费用与农地租约期限

根据威廉姆森的交易费用理论，农户转出农地的交易费用可以从资产专用性、不确定性与交易频率三个维度进行刻画。表4.10展示了农户生产性固定资产、农地特征与家庭人力资本与农地租约期限的关联性统计。

表4.10　　　　　　资产专用性与农地租约期限选择（N=614）

变量	分组	项目	3年以内	4~5年	5年以上	不定期	合计
生产性固定资产	没有	样本（户）	82	33	75	134	324
		比例（%）	25.31	10.19	23.15	41.36	100.00
	有	样本（户）	76	44	79	91	290
		比例（%）	26.21	15.17	27.24	31.38	100.00
转出农地质量	较好	样本（户）	73	37	78	66	254
		比例（%）	28.74	14.57	30.71	25.98	100.00
	一般	样本（户）	76	36	68	150	330
		比例（%）	23.03	10.91	20.61	45.45	100.00
	较差	样本（户）	9	4	8	9	30
		比例（%）	30.00	13.33	26.67	30.00	100.00
转出农地细碎化	高	样本（户）	69	27	47	104	247
		比例（%）	27.94	10.93	19.03	42.11	100.00

续表

变量	分组	项目	3 年以内	4~5 年	5 年以上	不定期	合计
转出农地细碎化	低	样本（户）	89	50	107	121	367
		比例（%）	24.25	13.62	29.16	32.97	100.00
工资收入占家庭收入比例	≤50%	样本（户）	65	40	71	122	298
		比例（%）	21.81	13.42	23.83	40.94	100.00
	>50%	样本（户）	93	37	83	103	316
		比例（%）	29.43	11.71	26.27	32.59	100.00
高中及以上学历劳动力比例	≤50%	样本（户）	42	31	34	54	161
		比例（%）	26.09	19.25	21.12	33.54	100.00
	>50%	样本（户）	116	46	120	171	453
		比例（%）	25.61	10.15	26.49	37.75	100.00

资料来源：课题组农户问卷调查数据。

从表 4.10 可以看出，没有生产性固定资产的农户更倾向于选择不定期农地租约，而有生产性固定资产的农户选择不定期的比例较低，更倾向于选择 4~5 年或者 5 年以上相对长期的农地租约。

农户家庭工资收入比例与高学历劳动力比例体现了农户的家庭人力资本，尤其是对于非农就业领域而言的人力资本。样本农户中，工资收入占家庭收入比例高于 50% 的农户超过一半，说明了非农就业对农户家庭的重要性。

表 4.11 展示了农地转出的对象与农地租约期限的相关统计结果。从表 4.11 可以发现，农地转出对象与租约期限存在着一定的相关性。第一，缔约期限为 3 年以内的农地租约为 158 份，占全部期限比例为 25.73%，而 4~5 年的租约期限占比略低一点，为 12.54%；第二，在全部期限租约中，缔约对象为"亲友邻居"的合约有 181 份，而对象为外村农户与组织主体的合约份数分别为 124 份、91 份，表明随着关系亲密程度的弱化而表现出流转对象的差序化格局。因此，从总体上来说，农户的农地流转具有明显的缔约对象差序化与租约期限短期的趋势。

表 4.11　　　　　　农地转出的对象与农地租约期限选择（*N* = 614）

转出对象	项目	3 年以内	4~5 年	5 年以上	不定期	合计
亲友邻居	样本（户）	56	5	16	104	181
	比例（%）	30.94	2.76	8.84	57.46	100.00
同村农户	样本（户）	68	30	48	72	218
	比例（%）	31.19	13.76	22.02	33.03	100.00
外村农户	样本（户）	27	29	48	20	124
	比例（%）	21.77	23.39	38.71	16.13	100.00
组织主体	样本（户）	7	13	42	29	91
	比例（%）	7.69	14.29	46.15	31.87	100.00
小计	样本（户）	158	77	154	225	614
	比例（%）	25.37	12.54	25.08	36.64	100.00

资料来源：课题组农户问卷调查数据。

表 4.12 展示了农户转出农地的交易频率与农地租约期限的关联性统计结果。从表 4.12 可以看出，对比与部分转出的农户，转出全部承包地的农户选择 3 年以内期限的租约的比例较低，而选择 5 年以上以及不定期租约的比例较高。从承包地块数来看，承包地块数越多的农户转出农地时更倾向于选择 3 年以内期限的租约与不定期租约，而选择 4~5 年、5 年以上相对长期的租约期限的比例较小。

表 4.12　　　　农户转出农地的交易频率与农地租约期限选择（*N* = 614）

变量	分组	项目	3 年以内	4~5 年	5 年以上	不定期	合计
交易规模 （转出规模）	部分转出	样本（户）	105	52	92	135	384
		比例（%）	27.34	13.54	23.96	35.16	100.00
	全部转出	样本（户）	53	25	62	90	230
		比例（%）	23.04	10.87	26.96	39.13	100.00
交易可分性 （承包地块数）	≤5 块	样本（户）	94	57	118	134	403
		比例（%）	23.33	14.14	29.28	33.25	100.00

变量	分组	项目	3 年以内	4~5 年	5 年以上	不定期	合计
交易可分性（承包地块数）	>5 块	样本（户）	64	20	36	91	211
		比例（%）	30.33	9.48	17.06	43.13	100.00

资料来源：课题组农户问卷调查数据。

4.3.5 风险预期与农地租约期限

表 4.13 展示了农户就业风险预期与农地租约期限的相关统计。结果显示，少部分农户家庭没有外出务工人员，大部分农户有一代人或两代人有外出打工经历，有三代人及以上有打工经历的农户极少。家庭没有外出打工经历的农户选择不同租约期限的比例相当，而家庭只有一代人有外出打工经历的农户选择 3 年以内的短期租约的比例较高，家庭中有两代人具有外出打工经历的农户选择 5 年以上租约期限的比例较高。从就业福利待遇来看，农户家庭外出打工劳动力与当地居民就业待遇差距较小时，农户转出农地更可能选择 4~5 年期限的租约。而当农户家庭打工劳动力享受的待遇与就业所在地居民的待遇相差差不多时，农户选择 3 年以内期限租约与不定期租约的比例增加。当待遇相差较大时，农户选择不定期的租约的比例增加到约 41.14%。

表 4.13　　　　农户就业风险与农地租约期限选择（$N = 614$）

变量	分组	项目	3 年以内	4~5 年	5 年以上	不定期	合计
您家有几代人有外出打工的经历	没有	样本（户）	29	25	28	40	122
		比例（%）	23.77	20.49	22.95	32.79	100.00
	一代人	样本（户）	81	40	75	110	306
		比例（%）	26.47	13.07	24.51	35.95	100.00
	两代人	样本（户）	43	10	50	68	171
		比例（%）	25.15	5.85	29.24	39.77	100.00
	三代人及以上	样本（户）	5	2	1	7	15
		比例（%）	33.33	13.33	6.67	46.67	100.00

变量	分组	项目	3 年以内	4~5 年	5 年以上	不定期	合计
与打工所在地居民相比的就业待遇差距	无务工人员	样本（户）	29	25	28	40	122
		比例（%）	23.77	20.49	22.95	32.79	100.00
	相差较小	样本（户）	16	16	13	21	66
		比例（%）	24.24	24.24	19.70	31.82	100.00
	差不多	样本（户）	76	25	68	99	268
		比例（%）	28.36	9.33	25.37	36.94	100.00
	相差较大	样本（户）	37	11	45	65	158
		比例（%）	23.42	6.96	28.48	41.14	100.00

资料来源：课题组农户问卷调查数据。

　　表 4.14 展示了农地产权风险与农地租约期限的相关统计。村庄农地调整与农地确权可以衡量农户的农地产权稳定程度。从表 4.14 可以看出，调查期内（近五年），大部分农户没有经历农地调整，而少部分农户经历了农地的局部调整，经历农地全部调整的农户占比不到 10%。相对于没有经历农地调整的农户，经历过农地调整的农户选择 3 年以内期限与 5 年以上期限的租约的比例降低，而且经历过农地局部调整的农户选择不定期租约的比例较高，经历过农地全部调整的农户选择 4~5 年期限的租约的比例较高。农地确权方面，有约 52.77% 的农户表示自家承包地已经确权，另外 25.41% 的农户农地尚未确权，还有约 21.82% 的农户不清楚农地是否确权。相比于农地未确权的农户，已确权农户在转出农地时选择 4~5 年与 5 年以上农地租约期限的比例较高，而选择 3 年以内与不定期租约的比例降低。表示不清楚农地是否确权的农户选择 5 年以上或者不定期租约的比例较大。

表 4.14　　　　　农地产权风险与农地租约期限（$N = 614$）

变量	分组	项目	3 年以内	4~5 年	5 年以上	不定期	合计
农地调整	没有调整	样本（户）	125	40	127	166	458
		比例（%）	27.29	8.73	27.73	36.24	100.00

续表

变量	分组	项目	3 年以内	4~5 年	5 年以上	不定期	合计
农地调整	局部调整	样本（户）	23	20	22	40	105
		比例（%）	21.90	19.05	20.95	38.10	100.00
	全部调整	样本（户）	10	17	5	19	51
		比例（%）	19.61	33.33	9.80	37.25	100.00
农地确权	未确权	样本（户）	46	7	39	64	156
		比例（%）	29.49	4.49	25.00	41.03	100.00
	已确权	样本（户）	87	50	74	113	324
		比例（%）	26.85	15.43	22.84	34.88	100.00
	不清楚	样本（户）	25	20	41	48	134
		比例（%）	18.66	14.93	30.60	35.82	100.00

资料来源：课题组农户问卷调查数据。

表 4.15 展示了农地租约形式与农地租约期限的相关统计。农户转出农地时可能没有任何协议约定，或者只是形成口头合约，或者是书面合约，因而形成三种农地租约类型。其中，将近 45.93% 的农户转出农地时签订了书面合约，26.06% 的农户转出农地仅仅是口头约定，但仍有高达 28.01% 的农户转出农地时没有具体的约定。没有签订合约的农户绝大部分是没有确定转出期限的，而口头约定下的农地转出更多的是 3 年以内的短期转出，签订书面合约的农地转出更多的是 5 年以上的长期转出。

表 4.15　　　农地租约形式与农地租约期限（$N = 614$）

农地租约类型	项目	3 年以内	4~5 年	5 年以上	不定期	合计
没签订合约	样本（户）	33	6	13	120	172
	比例（%）	19.19	3.49	7.56	69.77	100.00
口头合约	样本（户）	72	10	19	59	160
	比例（%）	45.00	6.25	11.88	36.88	100.00
书面合约	样本（户）	53	61	122	46	282
	比例（%）	18.79	21.63	43.26	16.31	100.00

资料来源：课题组农户问卷调查数据。

4.4　本章小结

　　本章主要对样本抽样与数据来源进行了阐述，同时对于整个样本的农地流转情况及其租约特征进行了说明。本章研究的数据源于国家自然科学基金重点项目"农村土地与相关要素市场培育与改革研究"的农户调查问卷，有效样本为 2704 户农户，农户分布于 9 个代表性的省（区）。农地流转分为转入农地与转出农地两种类型，样本中参与农地流转的农户比例不高，转出农地的农户与转入农地的农户占总样本比例分别为 22.71%、12.06%。同时，农地流转比例呈现出一定的地域差异。农地租约特征是围绕农地流转对象、合约形式、租约期限等展开说明的，发现转出农地的农户签订书面合约的比例较大，超过 1/3 的转出农地农户将其农地转给同村农户；而转入农地的农户采取口头约定的比例较高，超过一半的转入农地农户是从亲友邻居那里转入农地。不管是转入还是转出农地，均有超过 1/3 的农户参与流转约定期限不明确，而明确期限的流转中，形成 3 年以内短期租约的比例较高。另外，由于本章重点关注农地转出租约的期限，因而还进一步详细说明了转出农地农户的个体与家庭特征，以及农地租约期限与农户分化、福利保障、交易费用与风险预期等维度的关联性描述性统计。

| 第 5 章 |
农户分化与农地租约期限

　　随着乡土社会变迁、土地要素市场的发育以及劳动力流动性增强，相对于传统的纯农户，新一代农户在家庭要素配置方面有更大的自由度，但也会因资源禀赋及行为能力差异，而导致家庭就业结构及收入水平出现较大的差异，并且这种差异性通过自我积累的循环使得农户间逐渐发生分化。而农户之间的社会分化会影响其对于农地福利保障功能的诉求变化，进而影响其农地配置行为，并进一步表达为农地流转中的租约期限选择。因此，本章试图基于农户分化视角，通过实证分析解释社会变迁下农户农地租约期限的选择机理。

5.1 模型设定

　　为考察农户分化对于农户农地租约期限的影响，将农地租约期限设置为因变量，构建估计模型如下：

$$T_i = \alpha_0 + \alpha_1 X_{1i} + \alpha_2 X_{2i} + \alpha_3 X_{3i} + \sum_{m=1} \alpha_m D_{mi} + \varepsilon_i \qquad (5.1)$$

公式（5.1）中，T_i 表示第 i 个农户转出农地的农地租约期限，其中 $T_i=4$ 表示不定期，$T_i=3$ 表示 5 年以上，$T_i=2$ 表示 4~5 年，$T_i=1$ 表示 3 年以内，属于分散的多元变量。X_{1i} 表示农户对农地的就业依赖，具体指标是家庭外出务工劳动力比率；X_{2i} 表示农户对农地的经济依赖，通过是否有偿转出农地进行测度；X_{3i} 表示农户对农地的情感依赖，具体指标是禀赋效应（农户意愿转出农地的价格与意愿转入农地的价格比值）。D_{mi} 表示农户特征（性别、年龄、受教育程度、非农就业经历）、农地流转特征（农地转出方式）、村庄特征（村庄经济水平、村庄交通条件、村庄地形与村庄位置）以及省（区）虚拟变量。α_0 为常数项，α_1、α_2、α_3 和 α_m 为估计系数，ε_i 为误差项。

考虑到因变量为具体农地转出期限区间，而且包含不定期，属于无序的多元变量，适合采用多元选择 Logit 模型。同时，考虑到样本数据源于分层随机抽样，其中抽样的最小单位是村庄，可能导致农户调研数据存在聚类的误差项问题，因此采取了村庄层面的聚类稳健回归方法（卡梅伦等，2015）。为了考察模型结果的稳健性，主要是考虑到样本选择问题，采取 Heckman 两阶段模型对其进行估计（Hackmann et al.，2015）。

5.2 变量定义与描述统计

5.2.1 因变量

因变量是农户转出农地的租约期限。农户在农地流转中，农地租约期限包含相对短期的 3 年以内、4~5 年，相对长期的 5 年以上，以及不定期的情况。根据期限的四种情况，分别赋值为 1、2、3、4。具体变量定义参见表 5.1。

表 5.1 变量定义与描述统计（$N = 614$）

	变量		定义	均值	标准差
因变量		农地租约期限	4＝不定期，3＝5 年以上，2＝4～5 年，1＝3 年以内	2.726	1.204
主要自变量		务工劳动力比率	农户家庭外出务工劳动力数量与家庭总劳动力数量比值	0.502	0.376
		是否有偿转出农地	1＝是，0＝否	0.733	0.443
		禀赋效应[a]	农户意愿转出土地价格与意愿转入价格的比值	1.761	5.788
控制变量	农户特征	性别	1＝男，0＝女	0.637	0.481
		年龄	被调查农户实际年龄（岁）	43.457	15.140
		受教育程度	4＝高中以上，3＝高中，2＝初中，1＝小学及以下	2.079	0.988
		非农就业经历	1＝有，0＝无	0.591	0.492
	农地流转特征	农地转出方式	1＝集体统一，0＝其他	0.296	0.457
			1＝双方协商，0＝其他	0.603	0.490
			1＝两种情况都有，0＝其他（基准组）	0.101	0.302
	村庄特征变量	村庄经济水平	5＝很高，4＝比较高，3＝中游，2＝相对低，1＝很低	3.062	0.755
		村庄交通条件	5＝很好，4＝较好，3＝一般，2＝较差，1＝很差	3.467	0.889
		村庄位置	从村庄坐班车到镇中心（单程）平均耗时（小时）	0.314	0.253
		村庄地形	3＝平原，2＝丘陵，1＝山区	2.230	0.810

注：a. 意愿转入价格为 0 时，通过禀赋效应变量均值对空值进行赋值；为节省空间，未报告区域虚拟变量具体统计值。

资料来源：课题组农户问卷调查数据。

5.2.2 主要自变量

　　农户家庭成员之间的血缘关系与依存关系导致了决策的形成取决于对于整个家庭成员的成本与收益的权衡，以及整个家庭的资源条件约束，而不是决策者个人。由此，在主要自变量的设置中，主要考虑使用的是家庭层面而非被调查者个体的变量。农户分化往往指农业的边缘化，伴随着家庭劳动力转移到非农行业，以及农业收入比重的下降。家庭劳动力在农业与非农行业的配置表达了农户的职业分化，不同兼业程度的农户会有不同的农地流转意愿（张忠明等，2014；庄晋财等，2018），以务农为主的兼业农户和纯农户倾向于转入农地，其转出意愿比较弱（黄枫等，2015）。因而在此用家庭外出务工劳动力比率这一反向指标表示其对于农地的就业依附程度。一般而言，非农领域的劳动力越多，则农户对于农地的就业依附性越弱，其更可能选择固定期限并很可能是相对长期的期限。由于工资性收入与地租收益能够有效降低农户非农就业风险（王一清等，2018），那么农户在转出农地时是否收取租金，即是否有偿转出农地实际上反映了农户对于农地的经济依赖程度。

另外，基于村庄集体成员身份以及农耕文化的延续，农户普遍会对农地赋予一种特殊的情感价值，导致农户在土地流转中倾向于高估其转出农地的意愿接受价格。换言之，农户在农地流转中存在明显的禀赋效应（罗必良，2016）。这种禀赋效应可能会抑制农户长期转出农地。

5.2.3 控制变量

（1）农户特征。农户特征主要包括农户的性别、年龄、受教育程度与非农就业经历。农户为男性或受教育程度越高，越倾向于进入比较收益更高的非农行业并转出农地（马贤磊等，2015）。年龄变量对于转出行为的影响存在不确定性，在一定的年龄范围内，农户的务农经验具有比较优势并可能转入农地，但是农户年老后导致的经营能力不足则会激励农户转出农地，并且倾向于长期转出农地。此外，具有非农就业经历的农户可能更容易获取非农就业机会或者实现工作变换（杨忍等，2018；胡凤霞等，2019），从而转出农地，但在选择转出期限时将考虑非农就业的稳定性。

（2）农地流转特征。本书的农地流转特征主要控制农地的转出方式，即农户转出农地是属于村庄集体统一转出还是双方协商转出，或者是两种情况都有。有研究指出，村集体组织的统一农地能够降低农地流转的交易成本，提高交易的匹配程度与履约保障（高名姿等，2018）。因此，不同转出方式可能会影响农地租约的期限选择。

（3）村庄特征。农地流转面临的社会环境，村庄地理环境与经济发展状况对农地流转有显著的促进作用（徐珍源等，2010）。村庄经济条件、村庄地理区位优势等意味着农业生产将更便于接近生产要素市场，具有更好的环境，也有更多的非农就业机会，因而将进一步影响农户的农地处置行为与农地流转期限决策（Zou et al.，2018）。因此，本书设置了"村庄经济水平""村庄交通条件""村庄位置""村庄地形"四个变量表征村庄特征。

另外，为控制未观测到的区域社会、经济和制度因素对农地转出存在的潜在影响，本书也识别了样本所属 9 个省（区）的区域虚拟变量。

5.3 估计结果与分析

5.3.1 主要估计结果

通过村庄层面聚类稳健回归，进行多元 Logit 模型进行估计，获得关于农户分化对于农地租约期限的影响结果如表 5.2 所示。其中以租约期限为不定期作为基准组。模型结果显示，在主要自变量中，农户是否有偿转出农地对于期限选择具有显著影响，表现为有偿转出农地的农户更倾向于选择相对长期的农地租约。相对于无偿转出农地的农户，有偿转出农地的农户选择 4~5 年租约期限的可能性将提高 20.8%，选择 5 年以上租约期限的可能性将提高 11.6%。农户对于农地的禀赋效应对于农户选择租约期限没有显著影响。

表 5.2　农户分化对农地租约期限的影响：多元选择模型（$N = 614$）

变量		3 年以内		4~5 年		5 年以上	
		估计系数	边际效应	估计系数	边际效应	估计系数	边际效应
主要自变量	务工劳动力比率	-0.598 * (0.323)	-0.073 (0.048)	-0.207 (0.457)	0.012 (0.039)	-0.361 (0.347)	-0.019 (0.047)
	是否有偿转出农地	0.946 *** (0.289)	-0.031 (0.044)	3.418 *** (0.785)	0.208 *** (0.074)	1.965 *** (0.411)	0.116 * (0.065)
	禀赋效应	0.017 * (0.009)	0.003 (0.002)	0.032 (0.022)	0.003 (0.003)	-0.024 (0.056)	-0.005 (0.008)

续表

变量		3 年以内		4 ~ 5 年		5 年以上	
		估计系数	边际效应	估计系数	边际效应	估计系数	边际效应
控制变量 农户特征	性别	0.107 (0.238)	0.007 (0.035)	0.190 (0.356)	0.010 (0.030)	0.114 (0.270)	0.005 (0.035)
	年龄（取对数）	-0.413 (0.397)	-0.148*** (0.053)	1.098* (0.618)	0.064 (0.047)	1.235*** (0.433)	0.155*** (0.051)
	受教育程度	0.040 (0.138)	-0.020 (0.018)	0.332 (0.227)	0.014 (0.017)	0.391** (0.169)	0.043** (0.020)
	非农就业经历	-0.195 (0.262)	-0.027 (0.037)	-0.421 (0.396)	-0.040 (0.032)	0.192 (0.283)	0.052 (0.037)
农地流转特征	农地转出方式 =集体统一	-0.470 (0.535)	-0.117* (0.068)	0.246 (0.654)	0.002 (0.048)	0.872 (0.539)	0.137** (0.066)
	农地转出方式 =双方协商	0.390 (0.525)	0.102 (0.072)	-0.331 (0.689)	-0.012 (0.057)	-0.752 (0.492)	-0.113* (0.066)
村庄特征	村庄 经济水平	0.154 (0.178)	0.010 (0.026)	0.0762 (0.292)	-0.008 (0.024)	0.272 (0.206)	0.030 (0.029)
	村庄 交通条件	-0.318* (0.172)	-0.039 (0.024)	-0.250 (0.277)	-0.010 (0.021)	-0.097 (0.208)	0.009 (0.026)
	村庄位置	-0.287 (0.555)	-0.046 (0.071)	-0.229 (0.908)	-0.019 (0.075)	0.176 (0.648)	0.046 (0.079)
	村庄地形	0.602*** (0.228)	0.046 (0.030)	1.223*** (0.328)	0.081*** (0.026)	0.339 (0.255)	-0.023 (0.034)
	常数项	0.320 (1.841)		-9.325*** (3.397)		-7.436*** (2.285)	
省（区）虚拟变量		控制		控制		控制	
检验结果		观测值 = 614，Log pseudolikelihood = - 620.250，Pseudo R² = 0.233					

注：为节省空间，未报告区域虚拟变量估计结果；括号中的数值是基于村庄层面聚类的稳健性标准误；***、**和*分别表示在1%、5%和10%的水平上显著。

资料来源：课题组农户问卷调查数据。

农户特征中，农户的年龄与受教育程度变量均对农户农地租约期限决策有显著的影响，而农户性别与非农就业的影响不显著。农户年龄对于农户选择 5 年以上农地租约的期限有显著的正向影响，但是对于选择 3 年以内的短期租约具有显著的负向影响，说明农户年龄的增加将提高农户选择 5 年以上的租约期限的可能性，而减少选择 3 年以内短期租约的可能性。结果与现实相符，农户年纪越大，尤其是步入老年后务农能力会下降，因而选择长期转出农地对其而言是一个理性决策。农户的受教育程度对于农户选择 5 年以上租约期限具有显著的正向影响，边际效应结果显示相对于小学学历，受教育程度较高的农户选择 5 年以上租约的概率将增加 4.3% 。可能的原因是农户受教育程度越高，那么农户更可能凭借人力资本优势进入非农就业领域，并可能稳定就业，因而能够长期转出其农地。

农地流转特征中，当农户转出农地是由村集体统一组织进行流转时，更可能形成相对长期的 5 年以上的长期租约。从边际效应结果来看，转出方式为集体统一流转时，选择 3 年以内相对短期租约的可能性将降低 11.7% ，而选择 5 年以上租约期限的可能性将提高 13.7% 。当转出方式为双方协商时，农户选择 5 年以上长期租约的可能性将降低 11.3% 。可能的原因在于，村集体统一组织的流转降低了农户对于农地转出的风险预期，使农户更愿意长期转出农地。

村庄特征的变量中，村庄经济水平、村庄交通条件、村庄位置对于农户租约期限没有显著的影响。而村庄地形变量对于农户期限选择 4 ～ 5 年具有显著的正向影响，这说明相比于山区丘陵地带，村庄越是平原地区，农户越倾向于在转出农地时选择 4 ～ 5 年的相对短期的定期租约。原因在于，平原地区的农地区位条件具有比较优势，农地价值更高，因而农地流转市场发育将更完善，更容易形成的是期限相对短期的租约，并能够保持其灵活性，获取潜在增值收益。

5.3.2 稳健性检验

由于在分析农户转出租约期限的时候仅仅关注了转出农地农业农户，而忽略了样本农户中没有转出农地的部分农户。因此，采用 Heckman 两阶段模型：第一步将所有样本农户也纳入分析中，运用 Probit 模型分析农户是否转出农地；第二步将转出农地估计模型得到的逆米尔斯比率引入转出期限选择方程，以便于纠正不可观测因素可能导致的偏差问题。

关于第一阶段的农地转出方程，因变量是农户是否转出农地，属于二值变量，因而采用 Probit 模型进行估计。模型变量中，自变量包括福利保障、农地特征、农户特征，并控制村庄特征与省份虚拟变量。已有研究强调了社会福利保障对于农户转出农地的影响（聂建亮等，2015；聂建亮，2018；钟涨宝等，2016；邹宝玲等，2017），因而在此引入社会福利保障的三个测度变量——农地福利保障、社会正式制度保障和农村社区保障。农地特征也是影响农户农地使用的重要因素（王佳月等，2018；Felson，2017），在此用农户在家庭承包制下集体分配所得的承包地面积、地块数、农地调整情况与农地确权情况来表征农地特征。承包地面积与地块数直接影响农户转出农地的可能性与交易频率，农地调整情况与农地确权将影响农户对于农地的产权安全评估，进而影响农户农地流转市场参与（林文声等，2017；马贤磊等，2015）。其余农户特征、村庄特征变量与前面模型一样。变量定义与具体赋值如表 5.3 所示。

表 5.3　　　　　　　变量定义与描述统计：第一阶段（$N = 2704$）

变量		定义	均值	标准差
因变量	转出农地	农户是否转出农地：1 = 是，0 = 否	0.227	0.419
福利保障	农地福利保障	熵权法计算的综合得分	0.271	0.300
	正式制度保障	熵权法计算的综合得分	0.109	0.168
	农村社区保障	熵权法计算的综合得分	0.435	0.288
农地特征	承包地面积	二轮承包下村集体分配的家庭承包地面积（亩）	7.139	20.530
	承包地块数	二轮承包下村集体分配的家庭承包地块数（块）	5.083	4.786
	农地调整（近五年）	1 = 没调整，0 = 其他（基准组）	0.848	0.359
		1 = 局部调整，0 = 其他	0.107	0.309
		1 = 全部调整，0 = 其他	0.045	0.208
	农地确权	1 = 未确权，0 = 其他	0.267	0.442
		1 = 已确权，0 = 其他	0.538	0.499
		1 = 不清楚，0 = 其他（基准组）	0.195	0.396

续表

变量		定义	均值	标准差
农户特征	性别	1 = 男，0 = 女	0.637	0.481
	年龄	被调查农户实际年龄（岁）	43.457	15.140
	受教育程度	4 = 高中以上，3 = 高中，2 = 初中，1 = 小学及以下	2.079	0.988
	非农就业经历	1 = 有，0 = 无	0.591	0.492
村庄特征	村庄经济水平	5 = 很高，4 = 比较高，3 = 中游，2 = 相对低，1 = 很低	2.965	0.772
	村庄交通条件	5 = 很好，4 = 较好，3 = 一般，2 = 较差，1 = 很差	3.258	0.899
	村庄位置	从村庄坐班车到镇中心（单程）平均耗时（小时）	0.354	0.292
	村庄地形	3 = 平原，2 = 丘陵，1 = 山区	2.120	0.816

注：为节省空间，未报告区域虚拟变量具体统计值。
资料来源：课题组农户问卷调查数据。

  表 5.4 展示了 Heckman 两阶段模型的第一阶段回归结果，因变量为农户是否转出农地。由该模型估计而得到的逆米尔斯比率引入农户期限选择模型，采用多元选择模型进行估计，得到结果如表 5.5 所示。对比表 5.5 与表 5.2 的估计结果，变量的估计系数有所变化，但是变化幅度较小，变量的显著性与影响方向基本保持一致，说明表 5.2 的多元选择模型的估计结果比较稳健。

表 5.4   Heckman 两阶段模型：第一阶段结果（$N = 2704$）

变量		估计系数		边际效应	
		统计值	标准误	统计值	标准误
福利保障	农地福利保障	− 0.493 ***	0.136	− 0.136 ***	0.037
	正式制度保障	− 0.077	0.188	− 0.021	0.052
	农村社区保障	− 0.066	0.112	− 0.018	0.031
农地特征	承包地面积（取对数）	0.042	0.046	0.012	0.013
	承包地块数	0.016 *	0.009	0.004 *	0.002
	农地调整：局部调整	0.506 ***	0.111	0.140 ***	0.030

续表

变量		估计系数		边际效应	
		统计值	标准误	统计值	标准误
农地特征	农地调整：全部调整	0.636 ***	0.190	0.176 ***	0.052
	农地确权：已确权	− 0.050	0.113	− 0.014	0.031
	农地确权：未确权	− 0.080	0.100	− 0.022	0.028
农户特征	性别	− 0.158 *	0.062	− 0.044 *	0.017
	年龄（取对数）	0.080	0.103	0.022	0.029
	受教育程度	0.056	0.039	0.016	0.011
	非农就业经历	0.202 ***	0.064	0.056 ***	0.018
村庄特征	村庄经济水平	0.043	0.056	0.012	0.015
	村庄交通条件	0.172 ***	0.048	0.048 ***	0.013
	村庄位置	− 0.282 *	0.150	− 0.078 *	0.041
	村庄地形	− 0.021	0.063	− 0.006	0.018
省（区）虚拟变量		控制		控制	
检验结果		观测值 = 2704，Log pseudolikelihood = − 1333.747，Pseudo R^2 = 0.079			

注：标准误为基于村庄层面聚类的稳健性标准误；*** 、** 和 * 分别表示在 1% 、5% 和 10% 的水平上显著。

资料来源：课题组农户问卷调查数据。

表 5.5　农户分化对农地租约期限的影响：Heckman 两阶段模型（N = 614）

变量		3 年以内		4 ~ 5 年		5 年以上	
		估计系数	边际效应	估计系数	边际效应	估计系数	边际效应
主要自变量	务工劳动力比率	− 0.527 (0.327)	− 0.060 (0.048)	− 0.406 (0.497)	− 0.012 (0.040)	− 0.265 (0.332)	− 0.001 (0.044)
	是否有偿转出农地	0.943 *** (0.292)	− 0.031 (0.042)	3.625 *** (0.794)	0.219 *** (0.067)	1.894 *** (0.402)	0.103 * (0.058)
	禀赋效应	0.015 (0.015)	0.002 (0.002)	0.037 ** (0.016)	0.004 ** (0.002)	− 0.022 (0.035)	− 0.005 (0.005)

续表

变量		3 年以内		4~5 年		5 年以上	
		估计系数	边际效应	估计系数	边际效应	估计系数	边际效应
农户特征	性别	−0.005 (0.250)	−0.010 (0.035)	0.440 (0.322)	0.039 (0.025)	−0.054 (0.267)	−0.022 (0.033)
	年龄	−0.318 (0.413)	−0.131** (0.056)	0.862 (0.587)	0.036 (0.043)	1.339*** (0.421)	0.173*** (0.051)
	受教育程度	0.087 (0.148)	−0.011 (0.020)	0.171 (0.226)	−0.003 (0.017)	0.459*** (0.172)	0.055*** (0.021)
	非农就业经历	−0.059 (0.274)	−0.006 (0.038)	−0.696* (0.364)	−0.070*** (0.026)	0.349 (0.285)	0.075** (0.035)
农地流转特征	农地转出方式=集体统一	−0.551 (0.470)	−0.129** (0.060)	0.159 (0.572)	−0.002 (0.042)	0.890** (0.428)	0.144*** (0.049)
	农地转出方式=双方协商	0.288 (0.423)	0.083 (0.055)	−0.237 (0.610)	−0.003 (0.046)	−0.738* (0.417)	−0.109** (0.050)
村庄特征	村庄经济水平	0.176 (0.169)	0.013 (0.024)	0.031 (0.260)	−0.013 (0.021)	0.324* (0.168)	0.037* (0.022)
	村庄交通条件	−0.215 (0.169)	−0.021 (0.024)	−0.541** (0.226)	−0.042* (0.016)	0.040 (0.182)	0.033 (0.023)
	村庄位置	−0.519 (0.517)	−0.082 (0.069)	0.094 (0.788)	0.023 (0.060)	−0.025 (0.543)	0.016 (0.063)
	村庄地形	0.597*** (0.192)	0.041 (0.026)	1.368*** (0.367)	0.088*** (0.027)	0.362* (0.215)	−0.022 (0.027)
省（区）虚拟变量		控制		控制		控制	
检验结果		观测值=614，Log pseudolikelihood = −611.433，Pseudo R^2 =0.248					

注：括号内为稳健性标准误；***、** 和 * 分别表示在1%、5%和10%的水平上显著。
资料来源：课题组农户问卷调查数据。

5.4 本章小结

本章实证分析了农户分化对农户农地租约期限选择的影响，农户分化体现于农户对农地的就业依赖、经济依赖以及情感依赖的差异。同时，通过 Heckman 两步法进行了估计结果的稳健性检验。主要估计结果通过了稳健性检验，表明实证结果比较稳健。主要实证结果表明：第一，农户转出农地收取租金所体现的经济依赖对于农户租约期限选择有显著的正向影响，即农户转出农地收取的租金，则越可能选择 4~5 年与 5 年以上的租约期限。表明农户对于农地有经济依赖，则更积极参与到农地流转中。第二，农户年龄越大或者受教育程度越高，越可能选择 5 年以上的长期转出租约。第三，农户转出农地时，由村集体统一组织下的农地转出更可能形成 5 年以上的长期租约，而转出农地仅仅由双方协商，则降低农户选择 5 年以上长期租约的可能性。第四，相对于居住在山区的农户，居住在平原的农户选择 4~5 年租约期限的概率更高。

第 6 章

福利保障与农地租约期限

在农户权衡家庭福利保障效用的假设下，福利保障是影响农户农地流转行为的重要因素。学界普遍认为，农地福利保障抑制了农地流转，但基于制度保障和社区保障的替代与转化作用则较少作为一种破题机制加以考察。那么农地福利保障究竟如何影响农户农地转出期限选择，以及不同社会正式制度保障与农村社区保障情景又会带来怎样的影响，这是本章试图回答的问题。

6.1 模型设定

为考察农地福利保障，以及社会正式制度保障和农村社区保障对农户农地转出租约期限决策的影响，并识别社会正式制度保障和农村社区保障对农地福利保障的调节效应，本章首先识别了未引入交互项的估计模型：

$$T_i = \beta_0 + \beta_1 X_{1i} + \beta_2 X_{2i} + \beta_3 X_{3i} + \sum_{m=1} \beta_m C_{mi} + \xi_i$$

$$(6.1)$$

公式（6.1）中 T_i 表示第 i 个农户转出农地

的农地租约期限，其中 $T_i = 4$ 表示不定期，$T_i = 3$ 表示 5 年以上，$T_i = 2$ 表示 4～5 年，$T_i = 1$ 表示 3 年以内。X_{1i} 表示农地福利保障，X_{2i} 表示正式制度保障，X_{3i} 表示农村社区保障，C_{mi} 表示其他控制变量，包括农户特征（性别、年龄、受教育程度、非农就业经历）、农地流转特征（农地转出方式）、村庄特征（村庄经济水平、村庄交通条件、村庄地形与村庄位置）以及省（区）虚拟变量。β_0 为常数项，β_1、β_2、β_3 和 β_m 为估计系数，ξ_i 为误差项。

为了进一步识别不同社会保障下，农地福利保障对农户农地转出租约期限决策的偏效应，在公式（6.1）的基础上，将"正式制度保障×农地福利保障"和"农村社区保障×农地福利保障"的交互项引入模型进行估计（Asteriou et al., 2011）。具体模型设置如下：

$$T_i = \beta_0 + \beta_1 X_{1i} + \beta_2 X_{2i} + \beta_3 X_{3i} + \beta_4 X_{1i} X_{2i}$$
$$+ \beta_5 X_{1i} X_{3i} + \sum_{m=1} \beta_m C_{mi} + \xi_i \qquad (6.2)$$

公式（6.2）中，X_{1i} 和 X_{2i} 表示社会正式制度保障与农地福利保障的交互项，X_{1i} 和 X_{3i} 表示农村社区保障与农地福利保障的交互项，其余变量定义与公式（6.1）中一致。模型估计方式也与公式（6.1）保持一致。

考虑到因变量为具体农地转出期限区间，而且包含不定期，属于无序的多元变量，适合采用多元选择 Logit 模型。同时，考虑到样本数据源于分层随机抽样，其中抽样的最小单位是村庄，可能导致农户调研数据存在聚类的误差项问题，因此采取了村庄层面的聚类稳健回归方法。另外，为了观察估计方法的适用性以及模型结果的稳健性，在此也采取了 Heckman 两阶段模型对其进行估计。

6.2 变量定义与描述统计

6.2.1 因变量

因变量是农户转出农地的租约期限，包括 3 年以内、4～5 年、5 年以上，以及不定期四种情况，分别赋值为 1、2、3、4。

6.2.2 主要自变量

本章实证分析的主要自变量是福利保障，包括农地福利保障、正式制度保障和农村社区保障三类保障。由于三类社会保障并非单一指标能够刻画的，但多指标综合测度的有效性与可靠性的关键在于确定每一个指标的权重。目前主要的赋权方法大体分为主观赋权法与客观赋权法。借鉴已有研究（陈楠等，2018），为了避免主观臆断造成的权重不确定性，本书采用客观赋权法（熵权法）对三类保障的二级指标进行赋权，具体刻画如下：

（1）农地福利保障。基于前面的分析，农地福利保障可以分为基本的养老保障、就业保障、经济保障与生存保障。因此，课题组让农户回答了若干问题，具体包括："家庭 70 岁以上人口数"表征农地的养老保障；"家庭劳动力中务农劳动力数（①在家纯粹务农的人数与②在家既务农还兼业的人数之和）"表征农地的就业保障；"2014 年家庭收入中农业收入比例"表征农地的经济保障；"2014 年您家所生产粮食作物是否自家食用"表征农地的生存保障。

（2）正式制度保障。我国正式制度保障的重点包括社会救助、医疗保障与养老保障三大部分，目的在于实现贫有所助、病有所医与老有所养。同时具有公共产品性质，也就是政府供给为主导。在不考虑贫困农户的情形时，对于一般农户而言，疾病恐惧与养老后顾之忧是他们更关心也是更为普遍的问题。因此，本书围绕医疗保障与养老保障来测度正式制度保障程度，具体通过"您家老人养老是否有居民养老保险"和"您家老人养老是否有政府救济"表征养老保障，通过"您家医疗保障是否有新农合医保"和"您家医疗保障是否有政府救助"表征医疗保障。

（3）农村社区保障。在早期的社会学思想中，建立在血缘、亲缘、地缘、业缘基础上的亲邻关系被视为传统农村最重要的社会关系，也是农村社区保障的重要组成部分。农村在长期发展中形成的有利于防范家庭风险的互惠型生存伦理，是农村社区保障的根源。因此，可以根据农户家庭社会关系与互助程度来刻画农村社区保障。具体通过"是否村里的大姓"和"亲朋好友多不多"表征社会关系，通过"私人借款是否来源于亲朋好友""向亲戚借钱困难程度""向邻居借钱困难程度"表征互助程度。具体福利保障的测度指标定义如表6.1所示。

表6.1　　　　　三类保障测度指标定义与熵权法处理结果（$N=614$）

指标名称		符号	含义及单位	指标方向	熵权
农地福利保障	养老保障	R_1	家庭70岁以上人口数（人）	+	0.142
	就业保障	R_2	家庭劳动力中务农劳动力数（人）	+	0.051
	经济保障	R_3	2014年家庭收入中农业收入比例（%）	+	0.167
	生存保障	R_4	2014年您家所生产粮食作物是否自家食用：1=是，0=否	+	0.640
正式制度保障	养老保障	R_5	您家老人养老是否有居民养老保险	+	0.101
		R_6	您家老人养老是否有政府救济	+	0.400
	医疗保障	R_7	您家医疗保障是否有新农合医保	+	0.018
		R_8	您家医疗保障是否有政府救助	+	0.481
农村社区保障	社会关系	R_9	是否村里的大姓：3=大姓，2=一般，1=小姓	+	0.146
		R_{10}	亲朋好友多不多：3=较多，2=一般，1=很少	+	0.061
	互助程度	R_{11}	私人借款是否来源于亲朋好友：1=是，0=否	+	0.562
		R_{12}	向亲戚借钱比较困难：5=非常同意，4=比较同意，3=一般，2=不太同意，1=很不同意	−	0.104
		R_{13}	向邻居借钱比较困难：5=非常同意，4=比较同意，3=一般，2=不太同意，1=很不同意	−	0.128

资料来源：课题组农户问卷调查数据。

6.2.3　控制变量

控制变量与前面第5章实证分析一致，包括农户特征变量（性别、年龄、受教育程度和非农就业经历）、农地流转特征变量以及村庄特征变量（村庄经济水平、村庄交通条件、村庄位置以及村庄地形等）。此外，为控制未观测到的区域社会、经济和制度因素对农地转出存在的潜在影响，在此也识别了调研省（区）的区域虚拟变量。实证模型变量具体定义及其赋值如表6.2所示。

表 6.2   变量定义与描述统计（$N = 614$）

变量		定义	标准差	均值
因变量	农地租约期限	4 = 不定期，3 = 5 年以上，2 = 4 ~ 5 年，1 = 3 年以内	2.726	1.204
主要自变量	农地福利保障	熵权法计算的综合得分	0.215	0.281
	正式制度保障	熵权法计算的综合得分	0.107	0.148
	农村社区保障	熵权法计算的综合得分	0.422	0.282
控制变量 农户特征	性别	1 = 男，0 = 女	0.637	0.481
	年龄	被调查农户实际年龄（岁）	43.457	15.140
	受教育程度	4 = 高中以上，3 = 高中，2 = 初中，1 = 小学及以下	2.079	0.988
	非农就业经历	1 = 有，0 = 无	0.591	0.492
农地流转特征	农地转出方式	1 = 集体统一，0 = 其他	0.296	0.457
		1 = 双方协商，0 = 其他	0.603	0.490
		1 = 两种情况都有，0 = 其他（基准组）	0.101	0.302
村庄特征	村庄经济水平	5 = 很高，4 = 比较高，3 = 中游，2 = 相对低，1 = 很低	3.062	0.755
	村庄交通条件	5 = 很好，4 = 较好，3 = 一般，2 = 较差，1 = 很差	3.467	0.889
	村庄位置	从村庄坐班车到镇中心（单程）平均耗时（小时）	0.314	0.253
	村庄地形	3 = 平原，2 = 丘陵，1 = 山区	2.230	0.810

注：为节省空间，未报告区域虚拟变量具体统计值。
资料来源：课题组农户问卷调查数据。

6.3 估计结果与分析

6.3.1 主要估计结果

6.3.1.1 福利保障对农地租约期限决策的独立影响

表 6.3 汇报了未引入交互项时社会福利保障对农地转出租约期限决策的影响。

表 6.3   福利保障对农地租约期限的影响：多元选择模型（$N=614$）

变量		3 年以内		4~5 年		5 年以上	
		估计系数	边际效应	估计系数	边际效应	估计系数	边际效应
主要自变量	农地福利保障	0.260 (0.411)	0.064 (0.059)	-0.588 (0.549)	-0.057 (0.046)	-0.157 (0.418)	-0.013 (0.055)
	正式制度保障	-0.239 (0.769)	0.029 (0.104)	-0.772 (1.210)	-0.027 (0.105)	-1.111 (0.864)	-0.127 (0.114)
	农村社区保障	0.286 (0.421)	0.012 (0.061)	0.775 (0.526)	0.055 (0.044)	0.292 (0.444)	0.004 (0.058)
控制变量 / 农户特征	性别	0.079 (0.233)	0.005 (0.034)	0.133 (0.315)	0.007 (0.027)	0.104 (0.255)	0.007 (0.034)
	年龄（取对数）	-0.416 (0.400)	-0.153 *** (0.057)	1.278 ** (0.528)	0.087 ** (0.043)	1.271 *** (0.399)	0.160 *** (0.053)
	受教育程度	0.010 (0.143)	-0.022 (0.020)	0.330 (0.206)	0.019 (0.018)	0.346 ** (0.157)	0.039 * (0.021)
	非农就业经历	-0.260 (0.243)	-0.032 (0.035)	-0.493 (0.317)	-0.043 (0.027)	0.087 (0.256)	0.041 (0.034)
农地流转特征	农地转出方式 = 集体统一	-0.498 (0.472)	-0.130 ** (0.063)	0.319 (0.544)	0.007 (0.043)	1.016 ** (0.422)	0.160 *** (0.052)
	农地转出方式 = 双方协商	0.112 (0.395)	0.078 (0.054)	-0.708 (0.554)	-0.035 (0.048)	-0.986 ** (0.395)	-0.125 ** (0.052)
村庄特征	村庄经济水平	0.164 (0.163)	0.013 (0.025)	0.049 (0.234)	-0.010 (0.021)	0.287 * (0.160)	0.034 (0.023)
	村庄交通条件	-0.234 (0.145)	-0.032 (0.021)	-0.163 (0.184)	-0.008 (0.016)	-0.027 (0.157)	0.012 (0.021)
	村庄位置	-0.302 (0.510)	-0.048 (0.071)	-0.222 (0.816)	-0.018 (0.072)	0.155 (0.549)	0.043 (0.070)
	村庄地形	0.541 *** (0.183)	0.042 *** (0.026)	1.175 *** (0.303)	0.086 (0.026)	0.297 (0.214)	-0.020 (0.029)

续表

变量	3 年以内		4~5 年		5 年以上	
	估计系数	边际效应	估计系数	边际效应	估计系数	边际效应
常数项	0.548 (1.884)		-7.190 *** (2.621)		-6.274 *** (1.981)	
省（区）虚拟变量	控制		控制		控制	
检验结果	观测值 =614，Log pseudolikelihood = -657.333，Pseudo R² =0.192					

注：为节省空间，未报告区域虚拟变量估计结果；括号中的数值是村庄层面的聚类稳健标准误；
*** 、** 和 * 分别表示在 1%、5% 和 10% 的水平上显著。

资料来源：课题组农户问卷调查数据。

结果表明，农地福利保障、社会正式制度保障和农村社区保障对于农户农地租约期限选择没有显著的影响。在第 5 章的实证分析中，农地福利保障对于农户转出农地决策有显著的负向影响。因此，换言之，重视农地福利保障的农户就很可能不会转出农地，因而农地福利保障对于农户农地租约期限影响不显著。此外，社会正式制度保障和农村社区保障对农地转出无显著影响。正如理论分析部分所述：一方面，农村目前的正式制度保障整体上不完善，并不能抵消农地依然肩负的社会保障功能；另一方面，由于因变量为农地转出行为，这就意味着正式制度保障是通过农地福利保障发挥作用的，即引入农地福利保障本身就吸纳了正式制度保障的影响。对于农村社区保障，关键在于，同一社区内部亲友邻居之间的互惠互助是以人情投资来巩固的，并以此作为交换物实现再生产（陈国权等，2013）。农地作为社区关系资本投资也隐含着农户对农地福利保障与社区保障的价值比较，换言之，农村社区保障对农地转出行为的影响被农地福利保障吸纳了。并且，农村社区保障随着农村劳动力不断外流以及村集体财政收入有限而弱化，也不能为农户提供有效保障，因而影响不显著。

农户特征中，农户年龄对于农户选择农地租约期限有显著影响。随着农户年龄的增加，农户选择 3 年以内租约期限的可能性降低 15.3%，而农户选择 4~5 年、5 年以上租约期限的可能性分别增加 8.7%、16.0%。可能是对于年纪较大的农户而言，其就业状态、生活状态相对稳定，其农地经营决策也是相对稳定的，因而其对于转出农地行为也能够在较长的一段时间内进行稳定预期。受教育程度变量对于 5 年以上租约期限具有显著的正向影响，农户受教育程度越高，选择 5 年以上租约期限的概率增加 3.9%。这可能是受教育程度较高的农户更可能参与非农就业，弱化了其对农地的依附性而能够长期转出农地。

当农地转出方式为村集体统一组织转出时，形成 3 年以内的短期租约的概率降低 13.0%，而形成 5 年以上长期租约的可能性增加 16.0%。然而，当转出方式为双方协商时，形成 5 年以上长期租约的可能性降低 12.5%。结果说明，农地流转的组织性程度越高，那么农地流转约定长期租约的可能性越大。村庄地形对于农地转出的租约期限有显著的影响，表现为相对于居住于山区的农户，居住在平原的农户倾向于选择 3 年以内的租约期限。这可能是平原地区经济发展更好，农地还存在一定的升值空间，农户更愿意选择期限较短的租约，以保持流转交易的灵活性。

6.3.1.2 正式制度保障和非正式制度保障对农地福利保障作用的调节

在前面分析的基础上，进一步引入"正式制度保障×农地福利保障"和"农村社区保障×农地福利保障"的交互项，进而试图考察在正式制度保障和非正式制度保障发生变化时，福利保障对农地转出租约期限影响的动态特征。表6.4是引入交互项后的估计结果。

表 6.4　　福利保障对农地租约期限的影响：含交互项（$N=614$）

变量		3 年以内		4~5 年		5 年以上	
		估计系数	边际效应	估计系数	边际效应	估计系数	边际效应
主要自变量	农地福利保障	0.750 (0.811)	0.105 (0.116)	−0.115 (1.022)	−0.046 (0.087)	0.405 (0.796)	0.033 (0.142)
	正式制度保障	0.091 (0.942)	0.090 (0.122)	−0.664 (1.440)	−0.016 (0.122)	−1.396 (1.107)	−0.186 (0.349)
	交互项：农地福利保障×正式制度保障	−2.097 (3.149)	−0.373 (0.426)	−0.728 (3.755)	−0.064 (0.310)	1.438 (2.811)	0.325 (0.074)
	农村社区保障	0.466 (0.555)	0.017 (0.081)	1.026 (0.673)	0.059 (0.058)	0.707 (0.552)	0.049 (0.178)

续表

变量		3 年以内		4~5 年		5 年以上	
		估计系数	边际效应	估计系数	边际效应	估计系数	边际效应
主要 自变量	交互项：农地 福利保障×农 村社区保障	-0.676 (1.444)	-0.013 (0.207)	-0.951 (1.772)	-0.013 (0.151)	-1.655 (1.358)	-0.183 (0.034)
控制变量	农户特征						
	性别	0.075 (0.236)	0.003 (0.035)	0.140 (0.316)	0.007 (0.027)	0.126 (0.257)	0.011 (0.052)
	年龄（取对数）	-0.409 (0.398)	-0.154*** (0.057)	1.292** (0.530)	0.087** (0.043)	1.298*** (0.399)	0.163*** (0.021)
	受教育程度	0.012 (0.143)	-0.022 (0.020)	0.333 (0.207)	0.019 (0.018)	0.353** (0.157)	0.040* (0.034)
	非农就业经历	-0.250 (0.243)	-0.031 (0.035)	-0.488 (0.318)	-0.043 (0.027)	0.099 (0.257)	0.042 (0.052)
	农地流转特征：农地转出方式 =集体统一	-0.523 (0.474)	-0.133** (0.063)	0.308 (0.547)	0.008 (0.044)	1.004** (0.425)	0.159*** (0.052)
	农地转出方式 = 双方协商	0.117 (0.396)	0.079 (0.054)	-0.710 (0.555)	-0.035 (0.048)	-0.986** (0.398)	-0.125** (0.023)
	村庄特征：村庄经济水平	0.162 (0.165)	0.012 (0.025)	0.050 (0.235)	-0.010 (0.021)	0.299* (0.163)	0.036 (0.021)
	村庄交通条件	-0.241* (0.146)	-0.032 (0.021)	-0.172 (0.186)	-0.008 (0.016)	-0.046 (0.157)	0.009 (0.070)
	村庄位置	-0.336 (0.513)	-0.052 (0.072)	-0.251 (0.820)	-0.020 (0.073)	0.144 (0.549)	0.044 (0.029)
	村庄地形	0.529*** (0.184)	0.040 (0.026)	1.171*** (0.303)	0.086*** (0.026)	0.293 (0.215)	-0.020 (0.029)
省（区）虚拟变量		控制		控制		控制	
检验结果		观测值 =614，Log pseudolikelihood = -656.104，Pseudo R² =0.193					

注：为节省空间，未报告区域虚拟变量估计结果；括号中的数值是村庄层面聚类稳健标准误；*** 、** 和 * 分别表示在 1%、5% 和 10% 的水平上显著。

资料来源：课题组农户问卷调查数据。

可以发现，引入交互项后，三类福利保障对于农户农地租约期限的选择

还是没有显著影响，也说明未引入交互项的模型结果是稳健的。另外，引入
的两个交互项均不显著，也说明社会正式制度保障和农村社区保障对农地转
出租约期限选择没有显著影响。但是，引入交互项之后，农地福利保障与农
村社区保障变量的估计系数增大了，而正式制度保障变量的系数变小了，其
余变量的估计系数没有明显变化。结果一定程度上说明，农户转出农地的相
关决策与农户所享有的正式制度保障的相关性较弱，而与其农地福利保障以
及农村社区保障的关联性较强。

6.3.2　稳健性检验

与第 5 章一样，在此也采用 Heckman 两阶段模型：第一步将所有样本农
户也纳入分析中，运用 Probit 模型先分析农户是否转出农地；第二步将转出
农地估计模型得到的逆米尔斯比率引入转出期限选择方程，以便于纠正不可
观测因素可能导致的偏差问题。

第一阶段的模型结果与表 5.4 一致，由该模型估计而得到的逆米尔斯比
率引入农户期限选择模型，采用多元选择模型进行估计，得到第二阶段的结
果如表 6.5 所示。对比表 6.4 与表 6.5 的估计结果，变量的显著性与影响方
向基本保持一致，说明前面的模型估计结果比较稳健。

表 6.5　福利保障对农地租约期限的影响：Heckman 两阶段模型（N = 614）

变量		3 年以内		4 ~ 5 年		5 年以上	
		估计系数	边际效应	估计系数	边际效应	估计系数	边际效应
主要自变量	农地福利保障	0.368 (0.835)	0.060 (0.120)	0.663 (1.051)	0.065 (0.089)	-0.454 (0.891)	-0.102 (0.116)
	正式制度保障	0.083 (0.930)	0.078 (0.121)	-0.533 (1.445)	-0.012 (0.117)	-1.198 (1.061)	-0.158 (0.131)
	交互项：农地福利保障×正式制度保障	-1.903 (3.094)	-0.322 (0.412)	-0.697 (3.919)	-0.044 (0.311)	0.934 (2.853)	0.236 (0.350)
	农村社区保障	0.425 (0.560)	0.008 (0.082)	1.372 ** (0.699)	0.096 * (0.058)	0.563 (0.570)	0.019 (0.074)

续表

变量		3 年以内		4 ~ 5 年		5 年以上	
		估计系数	边际效应	估计系数	边际效应	估计系数	边际效应
主要自变量	交互项：农地福利保障×农村社区保障	−0.618 (1.445)	−0.001 (0.207)	−1.630 (1.784)	−0.091 (0.149)	−1.288 (1.404)	−0.106 (0.183)
控制变量 农户特征	性别	−0.055 (0.248)	−0.010 (0.036)	0.296 (0.329)	0.033 (0.027)	−0.148 (0.272)	−0.028 (0.035)
	年龄（取对数）	−0.272 (0.401)	−0.132** (0.057)	0.964* (0.542)	0.046 (0.043)	1.527*** (0.396)	0.199*** (0.049)
	受教育程度	0.091 (0.147)	−0.011 (0.021)	0.181 (0.212)	−0.002 (0.017)	0.490*** (0.162)	0.060*** (0.020)
	非农就业经历	−0.105 (0.257)	−0.013 (0.037)	−0.724** (0.341)	−0.075*** (0.028)	0.359 (0.268)	0.079** (0.034)
农地流转特征	农地转出方式=集体统一	−0.478 (0.474)	−0.127** (0.062)	0.213 (0.547)	−0.003 (0.043)	1.079** (0.428)	0.168*** (0.050)
	农地转出方式=双方协商	0.113 (0.398)	0.076 (0.054)	−0.675 (0.559)	−0.033 (0.046)	−0.969** (0.407)	−0.122** (0.051)
村庄特征	村庄经济水平	0.193 (0.164)	0.016 (0.025)	−0.055 (0.255)	−0.022 (0.022)	0.374** (0.163)	0.047** (0.022)
	村庄交通条件	−0.100 (0.164)	−0.016 (0.024)	−0.341 (0.215)	−0.035** (0.018)	0.208 (0.189)	0.045* (0.024)
	村庄位置	−0.593 (0.518)	−0.085 (0.073)	0.047 (0.747)	0.027 (0.062)	−0.234 (0.562)	−0.010 (0.069)
	村庄地形	0.508*** (0.184)	0.034 (0.027)	1.329*** (0.358)	0.099*** (0.029)	0.283 (0.214)	−0.024 (0.028)
省（区）虚拟变量		控制		控制		控制	
检验结果		观测值=614，Log pseudolikelihood = −656.104，Pseudo R^2 =0.193					

注：括号内为稳健性标准误；***、**和*分别表示在1%、5%和10%的水平上显著。
资料来源：课题组农户问卷调查数据。

6.4　本章小结

本章实证分析了农地福利保障、正式制度保障和农村社区保障对农地租约期限的影响，并引入了农地福利保障与农村正式制度保障、农地福利保障与农村社区保障的交互项。同时通过 Heckman 两步法进行了估计结果的稳健性检验，发现主要估计结果通过了稳健性检验，表明实证结果比较稳健。实证结果表明：第一，农地福利保障、正式制度保障、农村社区保障对于农户农地租约期限选择没有显著影响，引入交互项后，三类福利保障对于农户农地租约期限的选择还是没有显著影响，也说明未引入交互项的模型结果是稳健的。可能的原因在于转出农地的农户不那么重视农地福利保障，而目前的正式制度保障还没有那么完善，所以两者对于农户农地租约期限选择没有显著影响。而农村社区保障随着农村劳动力不断外流以及村集体财政收入有限而弱化，也不能为农户提供有效保障，因而影响不显著。第二，其他控制变量的结果表明，随着农户年龄的增加或者农户受教育程度的提高，农户选择 5 年以上租约期限的可能性增加。第三，农村集体组织下的农地统一流转有助于形成相对长期的农地租约，而减少 3 年以内的短期租约的形成，说明农地流转的组织化程度与规范化程度越高，越有利于长期农地流转租约的形成。第四，村庄地形对于农地转出的租约期限有显著的影响，居住在平原的农户倾向于选择 3 年以内的租约期限。这可能是平原地区经济发展更好、农地还存在一定的升值空间，农户更愿意选择期限较短的租约以保持流转交易的灵活性。

第 7 章

交易费用与农地租约期限

为了追求自身福利保障效用最大化，农户转出农地的行为决策也受到交易费用的约束。根据合约理论，不同的合约安排有利于不同的交易，同时需要匹配不同的合约关系（张五常，2000）。因此，在不同的交易情景下，农户会考虑农地流转中不同的缔约形式与内容所隐含的交易费用。为了考察不同的合约关系及其选择，则需要从交易的可观测属性来测度交易成本（Williamson，1979）。威廉姆森分析范式能够很好地应用于交易费用的量化测度，因此，本章将根据威廉姆森的交易费用分析范式，从资产专用性、不确定性与交易频率三个维度去评估选择不同合约内含的交易费用，从而进一步分析影响农户转出农地租约期限的影响因素。

7.1 模型设定

根据威廉姆森分析范式，为考察交易费用对于农户农地租约期限的影响，将农地租约期限设置为因变量，构建估计模型如下：

$$T_i = \alpha_5 + \alpha_6 Z_i + \alpha_7 U_i + \alpha_8 F_i + \sum_{n=1} \alpha_n C_{ni} + \varepsilon_i \qquad (7.1)$$

公式（7.1）中，T_i 表示第 i 个农户转出农地的农地租约期限，其中 $T_i =$ 4 表示不定期，$T_i = 3$ 表示 5 年以上，$T_i = 2$ 表示 4~5 年，$T_i = 1$ 表示 3 年以内，属于分散的多值变量。Z_i 表示农户的资产专用性，包括生产性固定资产、转出的农地质量、转出的农地细碎化程度以及农户的家庭人力资本。U_i 表示农户农地转出过程中的不确定性，通过农户与承租者之间的亲疏关系（农地转出的对象）进行刻画。F_i 表示农户农地流转的交易频率，具体测度变量包括转出农地比率、承包地块数，分别表达交易规模与交易可分性。C_{ni} 表示其他控制变量，包括农户特征（性别、年龄、受教育程度、非农就业经历）、农地流转特征（农地转出方式）、村庄特征（村庄经济水平、村庄交通条件、村庄地形与村庄位置）以及省（区）虚拟变量。α_5 为常数项，α_6、α_7、α_8 及 α_n 为估计系数，ε_i 为误差项。

考虑到因变量为具体农地转出期限区间，而且包含不定期，属于无序的多元变量，适合采用多元选择 Logit 模型。同时，考虑到样本数据源于分层随机抽样，其中抽样的最小单位是村庄，可能导致农户调研数据存在聚类的误差项问题，因此采取了村庄层面的聚类稳健回归方法。另外，为了观察估计方法的适用性以及模型结果的稳健性，在此也采取了 Heckman 两阶段模型对其进行估计。

7.2　变量定义与描述统计

7.2.1　因变量

因变量是农户转出农地的租约期限，包含相对短期的 3 年以内、4~5 年、相对长期的 5 年以上，以及不定期，分别赋值为 1、2、3、4。具体变量赋值及其描述统计见表 7.1。

表 7.1   **变量定义与描述统计（$N = 614$）**

变量		赋值	均值	标准差
因变量	农地租约期限	4 = 不定期，3 = 5 年以上，2 = 4~5 年，1 = 3 年以内	2.726	1.204
自变量	生产性固定资产	自家拥有的农业机械设备价值（元）	2753.290	14692.950
	转出的农地质量	3 = 较好，2 = 一般，1 = 较差	2.365	0.574
	转出的农地细碎化程度	转出的农地面积与转出块数的比值	3.260	40.336
	工资收入比率	工资收入占家庭收入比率	0.021	0.088
	高中及以上学历劳动力比率	高中及以上学历劳动力与家庭劳动力比值	0.768	0.402
	可预期程度：农地转出的对象	1 = 亲友邻居，0 = 其他	0.295	0.456
		1 = 同村农户，0 = 其他	0.355	0.479
		1 = 外村农户，0 = 其他	0.202	0.402
		1 = 组织主体，0 = 其他	0.148	0.356
	交易规模：转出农地比率	转出农地面积与承包地总面积比值	0.693	0.303
	交易可分性：承包地块数	集体分配的承包地块数（块）	5.463	4.714
控制变量	性别	1 = 男，0 = 女	0.637	0.481
	年龄	被调查农户实际年龄（岁）	43.457	15.140
	受教育程度	4 = 高中及以上，3 = 高中，2 = 初中，1 = 小学及以下	2.079	0.988
	非农就业经历	1 = 有，0 = 无	0.591	0.492
	农地转出方式	1 = 集体统一，0 = 其他	0.296	0.457
		1 = 双方协商，0 = 其他	0.603	0.490
		1 = 两种情况都有，0 = 其他（基准组）	0.101	0.302

（注：自变量分为"资产专用性""不确定性""交易频率"三类。）

变量		赋值	均值	标准差
控制变量	村庄经济水平	5 = 很高，4 = 比较高，3 = 中游，2 = 相对低，1 = 很低	3.062	0.755
	村庄交通条件	5 = 很好，4 = 较好，3 = 一般，2 = 较差，1 = 很差	3.467	0.889
	村庄位置	从村庄坐班车到镇中心（单程）平均需要花费的时间（小时）	0.314	0.253
	村庄地形	3 = 平原，2 = 丘陵，1 = 山区	2.230	0.810

注：为节省空间，未报告区域虚拟变量具体统计值。
资料来源：课题组农户问卷调查数据。

7.2.2 自变量

根据威廉姆森分析范式，本章节从交易的不确定性、交易频率和资产专用性进行交易费用的测度。

（1）资产专用性。农户在农业生产经营中容易被"锁定"的主要源自生产性固定资产的投入。而对于农地流转而言，农地本身的质量以及细碎化程度会影响其专用性程度，进而影响生产经营决策与农地投资，最终对农地租约期限产生影响。农户的人力资本意味着不同的非农就业的可能性，进而影响其对于农地的依附程度，影响农地配置决策（陈俊等，2018）。农户的人力资本专用性包括两个方面：一是通过农户的家庭工资收入比率衡量农户的职业人力资本，表示农户家庭劳动力在非农就业方面的人力资本；二是通过农户家庭高中及以上学历劳动力比率衡量农户的教育人力资本，表示农户家庭劳动力在受教育程度上锁体现的人力资本。农户家庭工资收入占家庭总收入的比例显示了非农行业对农户生存重要性的差异。工资收入比率越大，则说明农地对于维系家庭生存以及作为家庭收入来源的重要性越弱。非农行业收入占家庭总收入比例越高的农户，其转出农地的可能性越高（何欣等，2016）。农户家庭劳动力中，高中学历及以上的劳动力比例越大，其劳动力配置于非农就业岗位的稳定程度越高，更倾向于进入比较收益更高的非农行业并转出农地（Min et al.，2017）。所以，人力资本较强的农户更可能长期转出农地。

总体而言，资产专用性维度包含的变量有：生产性固定资产、转出的农地质量、转出的农地细碎化程度、工资收入比率与高中及以上学历的劳动力比率。

（2）不确定性。在双方信任的前提下，交易关系更容易达成，并可以降低交易费用，同时保障交易安全（赵磊，2018）。于农地流转交易而言更是如此，因为农地流转市场是掺杂地缘、亲缘、人情关系的特殊市场，集中表现为"关系型人情市场"（罗必良，2014）。农户转出农地时，潜在的交易对象主要可以分为亲友邻居、同村农户、外村农户与组织者主体。社会关系内嵌于农地流转的交易之中，而社会关系产生的一个重要基础是社会身份的某些共性，这种共性可以称为"缘"，如血缘同源则可以称为血缘，地域临近可以称为地缘，还有学缘、业缘等（费孝通，2006）。

具有社会关系的人之间的关系强调本质上反映了人与人之间的交往频率、互惠与彼此义务的认可度以及可信赖性（Granovetter，1973）。因此，不同社会关系的转出对象隐含了农户与潜在承租者之间的认可度与可信任程度，有助于评估农地流转的不确定性，尤其是转出对象履约行为的可预期性。

（3）交易频率。交易频率是指交易次数，反映了交易的频繁程度。当交易频率越高时，交易费用就越低（徐俊丽等，2018）。交易频率越高，越有利于风险分担以及交易的重新谈判与修正。农户在转出农地时，可能是全部转出或者是部分转出，因而不同的农户可能会有不同的农地转出比率。农地转出的农地比率越大，表示农户的农地交易规模越大。交易规模的增加可能提高交易费用或者达到一定规模之后能够降低交易费用。另外，由于农地流转交易受限于土地区位的不可移动性，因而农地的地块数会影响农地交易的频率。由此，通过农户转出农地面积占其承包地面积比率、承包地块数来衡量交易频率。

7.2.3　控制变量

控制变量与前面第 5 章、第 6 章实证分析一致，包括农户特征变量（性别、年龄、受教育程度和非农就业经历）、农地流转特征以及村庄特征变量（村庄经济、村庄交通、村庄位置以及村庄地形等）。此外，为控制未观测到的区域社会、经济和制度因素对农地转出存在的潜在影响，在此也识别了调研样本所属省区的虚拟变量。

7.3 估计结果与分析

7.3.1 主要估计结果

表 7.2 汇报了模型估计结果以及变量的边际效应，展示了威廉姆森分析范式下交易费用对于农户转出农地租约期限决策的影响。

表 7.2 交易费用对农地租约期限的影响：多元选择模型（$N=614$）

变量			3 年以内		4~5 年		5 年以上	
			估计系数	边际效应	估计系数	边际效应	估计系数	边际效应
自变量	资产专用性	生产性固定资产（取对数）	0.027 (0.041)	0.002 (0.006)	0.044 (0.053)	0.002 (0.004)	0.035 (0.041)	0.002 (0.005)
		转出的农地质量	0.311 (0.221)	0.043 (0.032)	0.038 (0.311)	−0.009 (0.025)	0.108 (0.240)	0.001 (0.031)
		转出的农地细碎化程度	−0.003 (0.005)	−0.004 ** (0.002)	0.153 ** (0.071)	0.014 ** (0.006)	−0.004 *** (0.001)	−0.006 ** (0.002)
		工资收入比率	0.710 ** (0.332)	0.092 ** (0.047)	0.082 (0.479)	−0.025 (0.038)	0.368 (0.354)	0.021 (0.045)
		高中及以上学历劳动力比率	−0.125 (0.324)	−0.020 (0.044)	−0.518 (0.393)	−0.056 * (0.031)	0.362 (0.346)	0.075 * (0.043)
	不确定性	农地转出对象=同村农户	0.448 (0.274)	−0.025 (0.040)	1.857 *** (0.550)	0.117 ** (0.047)	1.093 *** (0.384)	0.073 (0.053)
		农地转出对象=外村农户	0.841 * (0.431)	−0.009 (0.057)	2.522 *** (0.629)	0.143 *** (0.051)	1.768 *** (0.481)	0.131 ** (0.059)
		农地转出对象=组织主体	−1.009 * (0.558)	−0.221 *** (0.080)	1.213 * (0.692)	0.108 * (0.058)	0.810 (0.497)	0.114 * (0.066)

续表

变量			3 年以内		4～5 年		5 年以上	
			估计系数	边际效应	估计系数	边际效应	估计系数	边际效应
自变量	交易频率	交易规模：转出农地比率	-0.094 (0.487)	-0.020 (0.066)	0.228 (0.644)	0.023 (0.051)	-0.007 (0.512)	-0.005 (0.062)
		交易可分性：承包地块数	-0.001 (0.024)	0.004 (0.004)	-0.045 (0.047)	-0.002 (0.004)	-0.062 (0.039)	-0.007 (0.005)
其他控制变量		性别	0.067 (0.237)	-0.001 (0.033)	0.134 (0.319)	0.003 (0.026)	0.204 (0.262)	0.022 (0.033)
		年龄（取对数）	-0.399 (0.405)	-0.136** (0.055)	1.281** (0.556)	0.091** (0.042)	0.994** (0.407)	0.114** (0.052)
		受教育程度	0.057 (0.154)	-0.017 (0.022)	0.503** (0.219)	0.033* (0.017)	0.305* (0.159)	0.024 (0.020)
		非农就业经历	-0.210 (0.263)	-0.030 (0.037)	-0.171 (0.350)	-0.012 (0.029)	0.053 (0.274)	0.022 (0.036)
		农地转出方式=集体统一	-0.496 (0.509)	-0.107* (0.065)	0.066 (0.553)	-0.006 (0.040)	0.698 (0.443)	0.118** (0.051)
		农地转出方式=双方协商	-0.012 (0.449)	0.044 (0.058)	-0.534 (0.562)	-0.020 (0.043)	-0.787* (0.441)	-0.094* (0.053)
		村庄经济水平	0.244 (0.168)	0.024 (0.024)	0.061 (0.272)	-0.012 (0.023)	0.302* (0.174)	0.031 (0.024)
		村庄交通条件	-0.252 (0.157)	-0.029 (0.021)	-0.213 (0.192)	-0.009 (0.015)	-0.102 (0.161)	0.003 (0.021)
		村庄位置	-0.052 (0.536)	-0.035 (0.072)	0.285 (0.762)	0.010 (0.063)	0.474 (0.580)	0.060 (0.070)
		村庄地形	0.501*** (0.191)	0.036 (0.027)	1.193*** (0.357)	0.087*** (0.030)	0.224 (0.226)	-0.030 (0.030)
省（区）虚拟变量			控制		控制		控制	
检验结果			观测值=614，Log pseudolikelihood=-629.055，Pseudo R^2=0.226					

注：为节省空间，未报告区域虚拟变量估计结果；括号中的数值是村庄层面聚类稳健标准误；
***、**和*分别表示在1%、5%和10%的水平上显著。
资料来源：课题组农户问卷调查数据。

主要结果说明如下:

(1) 资产专用性方面,生产性固定资产变量对于农户农地租约期限选择没有显著影响,可能的原因是小农经营模式下,拥有一定农业机械设备的农户还是比较少的。转出的农地质量对于农地租约期限也是没有显著影响,其原因是家庭承包责任制度下,农田均分的原则使得农户之间的农地质量比较趋同,并没有明显差异。

从边际效应的结果来看,农地细碎化程度在5%的显著性水平上,对3年以内租约期限具有显著的负向影响,对4~5年租约期限有显著性的正向影响,但是对5年以上租约期限也有显著的负向影响。结果说明农户的农地细碎化程度的增加,提高了农户选择4~5年转出农地决策的可能性,但是降低了农户选择3年以内与5年以上租约的可能性。可能的原因是越是细碎化的农地,在农地流转市场越处于劣势,既不容易形成3年以内相对灵活的短期租约,也较难形成5年以上相对长期的租约。农户家庭工资收入比率在5%的显著性水平上对3年以内租约期限存在正向影响。结果表明,农户工资收入比率比较高时,农户可能预期能够积累资本,未来可以投资农业经营,因而倾向于短期转出农地,以保持对于农地经营权的有效控制。农户高中及以上学历劳动力比率对于农户选择4~5年租约期限有显著的负向影响,而对于选择5年以上租约期限有显著的正向影响。结果显示,人力资本呈现为非农就业专用性高的农户更倾向于选择5年以上转出期限,这也说明足够的人力资本能够弱化农户对于农地的依附性,进而促进农户长期转出农地。

(2) 不确定性方面。从表7.2中可以看出农地转出的对象对于农户租约期限选择还是有相当显著的影响的。相对于亲友邻居而言,农户转出农地给同村农户时更倾向于选择相对长期的租约期限,表现为农户选择4~5年期限的可能性将增加11.7%。当农户转出农地给外村农户时,会增加其选择相对长期租约的可能性,表现为农户选择4~5年与5年以上的租约期限的概率分别提高14.3%、13.1%。当转出对象为组织主体的时候也有近似结果:农户选择3年以内租约期限的可能性被降低22.1%,但是选择租约期限为4~5年的可能性将提高10.8%,而选择5年以上租约期限的可能性将提高11.4%。这些结果说明,农户与同村农户之间的农地流转更容易形成短期流转,而具有一定组织性的农地流转,将更可能形成5年以上的长期租约。

（3）交易频率方面。农户转出农地比率变量对于农地转出租约期限没有显著影响，可能的原因是调研样本农户户均承包地面积较小，因而转出农地比率都比较高（该变量均值为0.693），因而不存在显著的差异。农户的承包地块数也没有显著影响，可能的原因是家庭承包制下，农户家庭承包地块数相对平均，尤其是通过村庄内部，农户之间的差异性并不明显。因此导致承包地块数对农户农地转出租约期限影响不显著。

（4）其他控制变量的影响。与前面的实证结果类似，农户的年龄、受教育程度对于农户农地租约期限选择有显著的影响。其中，随着农户年龄的增加，农户选择3年以内的租约期限的概率降低13.6%，而选择4~5年与5年以上的租约期限的概率分别增加9.1%与11.4%。农地流转方式也对农户农地租约期限选择有显著影响，体现为农户转出转出农地是由村集体组织统一流转时，形成3年以内租约的可能性减少10.7%，而形成5年以上租约的可能性增加11.8%。反之，当农地流转时农户与承租户双方协商时，其选择5年以上租约期限的概率减少9.4%。村庄特征中，只有村庄地形对于农地转出租约期限有显著影响。从估计结果来看，村庄地形越平坦，那么农户转出农地更可能形成4~5年相对长期的租约。

7.3.2　稳健性检验

与第5章一样，在此也采用Heckman两阶段模型：第一步将所有样本农户纳入分析中，运用Probit模型先分析农户是否转出农地；第二步将转出农地估计模型得到的逆米尔斯比率引入转出期限选择方程，以便于纠正不可观测因素可能导致的偏差问题。

第一阶段的模型结果与表5.4一致，由该模型估计而得到的逆米尔斯比率引入农户期限选择模型，采用多元选择模型进行估计，得到第二阶段的结果如表7.2所示。对比表7.3与表7.2的估计结果，主要变量的显著性与影响方向基本保持一致，说明前面的模型估计结果比较稳健。

表7.3　　交易费用对农地租约期限的影响：Heckman 两阶段模型 （$N=614$）

变量			3 年以内		4～5 年		5 年以上	
			估计系数	边际效应	估计系数	边际效应	估计系数	边际效应
自变量	资产专用性	生产性固定资产（取对数）	0.024 (0.040)	0.001 (0.005)	0.050 (0.052)	0.003 (0.004)	0.024 (0.042)	0.001 (0.005)
		转出的农地质量	0.335 (0.222)	0.048 (0.031)	−0.142 (0.314)	−0.025 (0.025)	0.138 (0.242)	0.010 (0.030)
		转出的农地细碎化程度	−0.007 (0.059)	−0.004 (0.009)	0.131* (0.076)	0.011* (0.006)	−0.004*** (0.001)	−0.004 (0.004)
		工资收入比率	9.416*** (2.544)	0.850*** (0.270)	7.605*** (2.683)	0.125 (0.133)	9.121*** (2.566)	0.629*** (0.226)
		高中及以上学历劳动力比率	−0.094 (0.335)	−0.015 (0.044)	−0.631 (0.396)	−0.063** (0.028)	0.373 (0.358)	0.076* (0.042)
	不确定性	农地转出对象 =同村农户	0.438 (0.281)	−0.027 (0.039)	1.817*** (0.560)	0.107** (0.046)	1.143*** (0.400)	0.083 (0.053)
		农地转出对象 =外村农户	0.759* (0.431)	−0.026 (0.056)	2.663*** (0.634)	0.151*** (0.049)	1.766*** (0.498)	0.129** (0.060)
		农地转出对象 =组织主体	−0.970* (0.537)	−0.219*** (0.075)	1.340* (0.700)	0.108* (0.056)	0.931* (0.518)	0.128* (0.067)
	交易频率	交易规模：转出农地比率	−0.084 (0.489)	−0.021 (0.064)	0.334 (0.640)	0.031 (0.048)	−0.005 (0.521)	−0.008 (0.062)
		交易可分性：承包地块数	0.032 (0.027)	0.008** (0.004)	−0.063 (0.052)	−0.005 (0.004)	−0.030 (0.041)	−0.003 (0.005)
其他控制变量		性别	−0.129 (0.253)	−0.028 (0.034)	0.388 (0.339)	0.037 (0.026)	−0.021 (0.273)	−0.010 (0.034)
		年龄（取对数）	−0.253 (0.410)	−0.106** (0.054)	0.819 (0.580)	0.040 (0.042)	1.120*** (0.420)	0.141*** (0.051)
		受教育程度	0.149 (0.154)	0.000 (0.021)	0.256 (0.227)	0.006 (0.017)	0.386** (0.171)	0.039** (0.021)
		非农就业经历	0.127 (0.280)	0.019 (0.038)	−0.483 (0.365)	−0.053* (0.028)	0.276 (0.285)	0.048 (0.036)

续表

变量		3 年以内		4~5 年		5 年以上	
		估计系数	边际效应	估计系数	边际效应	估计系数	边际效应
其他控制变量	农地转出方式 = 集体统一	-0.397 (0.504)	-0.094 (0.062)	0.039 (0.557)	-0.012 (0.039)	0.783 * (0.455)	0.125 ** (0.050)
	农地转出方式 = 双方协商	-0.022 (0.457)	0.040 (0.057)	-0.415 (0.551)	-0.010 (0.041)	-0.778 * (0.456)	-0.094 * (0.053)
	村庄经济水平	0.227 (0.164)	0.020 (0.023)	-0.009 (0.296)	-0.017 (0.024)	0.334 * (0.171)	0.037 * (0.023)
	村庄交通条件	-0.067 (0.173)	-0.001 (0.023)	-0.448 ** (0.229)	-0.037 ** (0.017)	0.031 (0.171)	0.021 (0.021)
	村庄位置	-0.519 (0.540)	-0.097 (0.073)	0.667 (0.716)	0.068 (0.054)	0.054 (0.592)	0.008 (0.070)
	村庄地形	0.472 ** (0.185)	0.028 (0.027)	1.366 *** (0.426)	0.097 *** (0.033)	0.227 (0.230)	-0.032 (0.030)
省（区）虚拟变量		控制		控制		控制	
检验结果		观测值 = 614，Log pseudolikelihood = -608.917，Pseudo R² = 0.251					

注：为节省空间，未报告区域虚拟变量估计结果；括号中的数值是稳健性标准误；***、** 和 * 分别表示在 1%、5% 和 10% 的水平上显著。

资料来源：课题组农户问卷调查数据。

7.4 本章小结

本章基于威廉姆森交易费用分析范式，从资产专用性、不确定性与交易频率三个维度对农地租约期限的决定机理及其影响因素进行分析。同时，通过 Heckman 两步法进行了估计结果的稳健性检验。主要估计结果通过了稳健性检验，表明实证结果比较稳健。主要研究结果表明：第一，土地细碎化程度表达的土地专用性对于农地租约期限选择有显著的影响，即农地的细碎化程度越高，农户倾向于选择 4~5 年的相对长期的租约期限。第二，农户家庭工资收入比率越高，更倾向于选择 3 年以内的租约期限。第三，农户人力资本有利于促进 5 年以上农地租约的形成。第四，农户转出农地给同村农户更倾向于选择 4~5 年租约期限，而转给外村农户则更可能形成 4~5 年与 5 年以上期限的租约，而转出给组织主体则对选择 3 年以内租约期限有显著的负向影响，对 5 年上租约期限选择有正向影响。第五，农户年龄的增加将促进相对长期的的农地租约的形成。第六，村集体统一组织下的农地流转将促进 5 年以上的农地租约的形成，而双方协商下的农地流转则对 5 年以上的农地租约的形成有负向影响。

| 第 8 章 |
风险预期与农地租约期限

农户的风险预期是影响农地转出租约期限决策的重要因素。风险预期既可能是源于转出农地导致的资源配置风险，包括家庭劳动力层面的非农就业风险，以及农地流转牵涉的农地产权风险，也可能是合约本身的不完全。租约期限的长短实际上是对于风险的一种调节。期限越长，租约执行过程中的不确定性越大；而在能够重新谈判的预期下，人们一般会放弃长期租约，而选择只有一定期限的租约（Crawford，1999）。因此，本章节将从农户风险预期入手，阐述农户农地流转中风险的形成及其对农地租约期限的影响。

8.1 模型设定

根据前面的理论分析框架，为考察资源配置风险、合约不完全对于农户农地租约期限的影响，将农地租约期限设置为因变量，构建估计模型如下：

$$T_i = \alpha_9 + \alpha_{10}M_i + \alpha_{11}P_i + \sum_{k=1} \lambda_k H_{ki} + \varepsilon_i \qquad (8.1)$$

公式（8.1）中，T_i 表示第 i 个农户转出农地的农地租约期限，其中 $T_i = 4$ 表示不定期，$T_i = 3$ 表示 5 年以上，$T_i = 2$ 表示 4~5 年，$T_i = 1$ 表示 3 年以内，属于分散的多值变量。M_i 表示资源配置风险，通过农户就业风险与农地产权风险来刻画。P_i 表示合约不完全，通过农地租约形式进行刻画。H_{ki} 是其他控制变量，与前面的实证章节一样，包括农户特征（性别、年龄、受教育程度、非农就业经历）、农地流转特征（农地转出方式）、村庄特征（村庄经济水平、村庄交通条件、村庄地形与村庄位置）以及省（区）虚拟变量。α_9 为常数项，α_{10}、α_{11} 与 λ_k 为估计系数，ε_i 为误差项。

考虑到因变量为具体农地转出期限区间，而且包含不定期，属于无序的多元变量，适合采用多元选择 Logit 模型。同时，考虑到样本数据源于分层随机抽样，其中抽样的最小单位是村庄，可能导致农户调研数据存在聚类的误差项问题，因此采取了村庄层面的聚类稳健回归方法。另外，为了观察估计方法的适用性以及模型结果的稳健性，在此也采取了 Heckman 两阶段模型对其进行估计。

8.2　变量定义与描述统计

8.2.1　因变量

与第 7 章一样，因变量是农户转出农地的租约期限，包含相对短期的 3 年以内、4~5 年、相对长期的 5 年以上，以及不定期，分别赋值为 1、2、3、4。具体变量赋值及其描述统计见表 8.1。

表 8.1　　　　　　　　　变量定义与描述统计（$N = 614$）

变量		赋值	均值	标准差
因变量	农地租约期限	4 = 不定期，3 = 5 年以上，2 = 4~5 年，1 = 3 年以内	2.726	1.204

续表

变量			赋值	均值	标准差
自变量	就业风险	打工经历：您家有几代人外出打工的经历	4 = 三代人及以上，3 = 两代人，2 = 一代人，1 = 没有	2.129	0.748
		就业待遇：与打工所在地居民相比，打工所享受的各种福利与待遇相差大吗？	1 = 没有打工人员，0 = 其他（基准组）	0.199	0.399
			1 = 较小，0 = 其他	0.107	0.310
			1 = 差不多，0 = 其他	0.436	0.496
			1 = 较大，0 = 其他	0.257	0.438
	农地产权风险	农地调整情况（近五年）	1 = 没调整，0 = 其他（基准组）	0.746	0.436
			1 = 局部调整，0 = 其他	0.171	0.377
			1 = 全部调整，0 = 其他	0.083	0.276
		农地确权情况	1 = 未确权，0 = 其他	0.254	0.436
			1 = 已确权，0 = 其他	0.528	0.500
			1 = 不清楚，0 = 其他（基准组）	0.218	0.413
	合约不完全	农地租约形式	1 = 没有签订协议，0 = 其他（基准组）	0.280	0.449
			1 = 口头合约，0 = 其他	0.261	0.439
			1 = 书面合约，0 = 其他	0.459	0.499
控制变量		性别	1 = 男，0 = 女	0.637	0.481
		年龄	被调查农户实际年龄（岁）	43.457	15.140
		受教育程度	4 = 高中及以上，3 = 高中，2 = 初中，1 = 小学及以下	2.079	0.988
		非农就业经历	1 = 有，0 = 无	0.591	0.492
		农地转出方式	1 = 集体统一，0 = 其他	0.296	0.457
			1 = 双方协商，0 = 其他	0.603	0.490
			1 = 两种情况都有，0 = 其他（基准组）	0.101	0.302
		村庄经济水平	5 = 很高，4 = 比较高，3 = 中游，2 = 相对低，1 = 很低	3.062	0.755
		村庄交通条件	5 = 很好，4 = 较好，3 = 一般，2 = 较差，1 = 很差	3.467	0.889

变量		赋值	均值	标准差
控制变量	村庄位置	从村庄坐班车到镇中心（单程）平均需要花费的时间（小时）	0.314	0.253
	村庄地形	3 = 平原，2 = 丘陵，1 = 山区	2.230	0.810

注：为节省空间，未报告区域虚拟变量具体统计值。
资料来源：课题组农户问卷调查数据。

8.2.2　自变量

根据前面的理论分析框架，农户转出农地的风险预期主要源自资源配置产生的风险与合约不完全所带来的风险，其中资源配置风险包括就业风险与农地产权风险。维度的具体刻画指标说明如下：

（1）就业风险。农户转出农地实质上反映了农户对于农业就业依赖性的弱化，也就意味着农户家庭劳动力资源将配置到非农就业领域。因而农户将主要面对的是非农就业风险。经验累积有助于降低风险，因而在此询问农户家庭有几代人有外出打工经历，以此衡量农户非农就业的经验积累程度。同时，农户延续几代人的非农就业也可能为家庭劳动力非农就业积累了一定的社会资本，对其降低非农就业风险也是有利的。已有研究也将农户家庭中有几代人外出打工，作为衡量农户禀赋的一个代理变量（张沁岚等，2017；翁贞林等，2017）。另外，农户外出就业人口在就业所在地所享受的福利待遇也是影响其非农就业稳定性的重要因素（张璋等，2017）。如果农户非农就业所享受的福利待遇与当地居民差距较大，那很可能导致农户频繁更换工作，甚至迫使农户返乡回归农业生产活动中。反之，如果农户非农就业所享受的待遇比较好，那么农户更愿意稳定于非农就业岗位，使得非农就业风险有所降低。

（2）农地产权风险。已有研究认为农地产权尚有一部分存在于公共领域，农户参与农地流转可能因为不同利益主体而受到制约（王劲屹，2019），例如，农地村庄范围内的调整以及农地确权与否将影响农地产权的稳定性。而农地产权稳定性的改善可能降低农户农地经营损失的可能性

（洪炜杰等，2018），有利于实现长期可持续性的经营，因而也有助于农地的长期转出。因此，在农户问卷调查中，询问农户调查期内（近五年）农地调整情况及农地确权情况，以此来衡量农户农地转出中的农地产权风险。

（3）合约不完全。合约的完全程度意味着法律、法院等第三方对于该交易活动的可监管程度。合约形式的规范与否与合约的完全性直接相关。农地流转中，口头合约占主要地位，但是口头合约的不规范容易引起交易纠纷，影响社会秩序（姜艳艳，2018），因为农户采取口头协议没有明确流转双方的权利与义务，导致对承租者缺乏有效的约束力（邱国良等，2019）。而书面合约比非正式的口头合约具有更强的约束力与执行力，更能够降低农户的风险预期。因而在此主要通过农地租约的形式表征农地租约的完全程度。

8.2.3　控制变量

控制变量与前面第 5～第 7 章实证分析一致，包括农户特征变量（性别、年龄、受教育程度和非农就业经历）、农地流转特征，以及村庄特征变量（村庄经济、村庄交通、村庄位置以及村庄地形等）。此外，为控制未观测到的区域社会、经济和制度因素对农地转出存在的潜在影响，在此也识别了样本所属省（区）虚拟变量。

8.3　估计结果与分析

8.3.1　主要估计结果

表 8.2 汇报了关于风险预期对农地租约期限选择的多元 Logit 回归模型的估计结果及其边际效应，而且模型控制了调研省（区）虚拟变量。

表 8.2　　风险预期对农地租约期限的影响：多元选择模型（$N=614$）

变量			3 年以内		4～5 年		5 年以上	
			估计系数	边际效应	估计系数	边际效应	估计系数	边际效应
自变量	就业风险	打工经历	-0.340 (0.236)	-0.020 (0.033)	-1.104** (0.500)	-0.074** (0.036)	-0.157 (0.236)	0.030 (0.030)
		就业待遇=相差较小	0.703 (0.589)	0.056 (0.078)	1.674** (0.793)	0.106** (0.053)	0.289 (0.596)	-0.046 (0.067)
		就业待遇=相差差不多	0.817* (0.487)	0.093 (0.067)	0.660 (0.774)	0.021 (0.055)	0.369 (0.520)	-0.008 (0.060)
		就业待遇=相差较大	0.605 (0.499)	0.056 (0.069)	0.944 (0.837)	0.049 (0.060)	0.338 (0.553)	-0.012 (0.066)
	农地产权风险	农地调整=局部调整	-0.404 (0.351)	-0.060 (0.048)	0.435 (0.441)	0.052* (0.030)	-0.264 (0.380)	-0.031 (0.042)
		农地调整=全部调整	-0.843* (0.447)	-0.086 (0.059)	1.440** (0.599)	0.189*** (0.039)	-1.751*** (0.647)	-0.239*** (0.075)
		农地确权=未确权	-0.099 (0.383)	0.026 (0.051)	-1.359** (0.682)	-0.097** (0.047)	-0.229 (0.420)	0.018 (0.048)
		农地确权=已确权	-0.0854 (0.340)	0.000 (0.045)	-0.274 (0.461)	-0.014 (0.032)	-0.169 (0.371)	-0.010 (0.042)
	合约不完全	农地租约形式=口头合约	1.253*** (0.301)	0.099** (0.043)	1.398** (0.578)	0.036 (0.045)	1.387*** (0.459)	0.083 (0.059)
		农地租约形式=书面合约	1.203*** (0.364)	0.001 (0.048)	2.911*** (0.622)	0.114*** (0.044)	2.709*** (0.426)	0.208*** (0.049)
其他控制变量		性别	0.189 (0.240)	0.014 (0.034)	0.248 (0.349)	0.008 (0.025)	0.212 (0.286)	0.012 (0.033)
		年龄（取对数）	-0.399 (0.408)	-0.120** (0.055)	0.511 (0.603)	0.013 (0.042)	1.127*** (0.411)	0.147*** (0.049)
		受教育程度	0.026 (0.153)	-0.013 (0.020)	0.109 (0.222)	-0.003 (0.016)	0.347** (0.161)	0.041** (0.018)
		非农就业经历	-0.307 (0.257)	-0.042 (0.034)	-0.281 (0.376)	-0.017 (0.026)	0.050 (0.290)	0.029 (0.033)
		农地转出方式=集体统一	-0.338 (0.485)	-0.117** (0.059)	0.765 (0.577)	0.031 (0.036)	1.128** (0.469)	0.137*** (0.049)

续表

变量		3 年以内		4～5 年		5 年以上	
		估计系数	边际效应	估计系数	边际效应	估计系数	边际效应
其他控制变量	农地转出方式 = 双方协商	0.248 (0.423)	0.048 (0.054)	0.142 (0.637)	0.016 (0.043)	−0.318 (0.464)	−0.057 (0.052)
	村庄经济水平	0.115 (0.169)	0.011 (0.024)	−0.058 (0.311)	−0.013 (0.023)	0.174 (0.173)	0.020 (0.021)
	村庄交通条件	−0.320** (0.151)	−0.033 (0.020)	−0.368* (0.203)	−0.016 (0.014)	−0.177 (0.168)	0.002 (0.020)
	村庄位置	−0.122 (0.555)	−0.039 (0.071)	0.116 (1.020)	−0.002 (0.070)	0.426 (0.623)	0.057 (0.063)
	村庄地形	0.535*** (0.189)	0.039 (0.026)	1.228*** (0.412)	0.074** (0.029)	0.324 (0.231)	−0.020 (0.028)
省（区）虚拟变量		控制		控制		控制	
检验结果		观测值=614, Log pseudolikelihood = −582.511, Pseudo R^2 = 0.284					

注：为节省空间，未报告区域虚拟变量估计结果；括号中的数值是村庄层面聚类稳健标准误；*** 、** 和 * 分别表示在 1% 、5% 和 10% 的水平上显著。

资料来源：课题组农户问卷调查数据。

主要估计结果分析如下：

（1）资源配置风险。在就业风险方面，相比没有外出打工的农户，农户家庭外出打工的代数对于农户选择 4～5 年农地租约期限有显著的负向影响，而对于其他期限选择没有显著影响。可能的原因在于，非农就业经历较长的农户家庭，其非农就业倾向将更强烈，由此可能导致两种情形，一种是非农就业不太稳定，则农户更倾向于选择 3 年以内的短期租约；另一种是已经很大程度上脱离农业，则农户更倾向于选择 5 年以上的长期租约。就业待遇中，农户外出打工待遇与当地居民待遇差距较小对于农户选择 4～5 年期限有显著的正向影响，边际效应结果显示农户选择 4～5 年期限的概率将提高 10.6%。但是其他就业待遇差距对农户农地租约期限选择没有显著影响，说明就业待遇与农户农地租约期限决策的相关性较弱。

农地产权风险对于农户农地租约期限选择有显著影响，表现为农户在调查期内（近五年）经历了农地局部调整，则农户形成 4～5 年租约期限的可能性将增加 5.2%，而经历了农地全部调整的农户，其选择 4~5 年租约期限的可能性将增加 18.9%，但是选择 5 年以上租约期限的可能性降低 23.9%。另外，农地未确权对于农户选择 4~5 年租约期限具有显著的负向影响。结果表明，农地调整或者未确权而带来的产权不稳定的风险将不利于形成长期农地流转。

（2）合约不完全。合约形式变量对于农地租约期限具有显著影响。从边际效应的结果来看，书面合约将比口头合约或者没有合约更大程度地提高农户选择相对长期租约的概率。具体体现为，当农地租约形式为口头合约时，农户选择 3 年以内的租约期限概率将增加 9.9%，而当农地租约形式为书面合约时，农户选择 4~5 年、5 年以上的租约期限的概率将分别增加 11.4%、20.8%。结果说明农地租约的正式化、规范化将有利于长期农地租约的形成。

（3）其他控制变量。与前面章节的实证结果一致，农户的年龄变量对于 3 年以内租约期限具有显著的负向影响，而对于 5 年以上租约期限具有显著的正向影响，表明随着农户年龄的增加，农户更倾向于选择长期租约。农户的受教育程度对于农户选择 5 年以上租约期限同样具有显著的正向影响，说明农户人力资本较强，更易于进入非农就业领域，将更倾向于选择长期租约。在农地转出方式为农村集体统一组织时，形成 3 年以内农地租约的可能性降低 11.7%，而形成 5 年以上长期租约的概率增加 13.7%。

另外，村庄特征中，村庄经济水平、交通条件对租约期限没有显著影响，但是村庄地形越平坦，农户越可能达成 4~5 年的转出租约。可能的原因是平原地区的经济发展水平一般优于山地地区，经济的发展更能促进市场化交易机制的形成，同时也吸引有能力的经营主体转入农地进行长期投资。因此减少了 3 年以内短期租约的形成。但是，平原地区的农地升值空间也比较大，租金波动性较大，因而，农户较少选择 5 年以上长期租约，以避免被长期租约"套牢"。

8.3.2　稳健性检验

与第 5 章一样，在此也采用 Heckman 两阶段模型：第一步将所有样本农户也纳入分析中，运用 Probit 模型先分析农户是否转出农地；第二步将转出农地估计模型得到的逆米尔斯比率引入转出期限选择方程，以便于纠正不可观测因素可能导致的偏差问题。

第一阶段的模型结果与表 5.5 一致，由该模型估计而得到的逆米尔斯比率引入农户期限选择模型，采用多元选择模型进行估计，得到第二阶段的结果如表 8.3 所示。对比表 8.3 与表 8.2 的估计结果，主要变量的显著性与影响方向基本保持一致，说明前面的模型估计结果比较稳健。

表 8.3 风险预期对农地租约期限的影响：Heckman 两阶段模型 （$N = 614$）

变量		3 年以内		4 ~ 5 年		5 年以上	
		估计系数	边际效应	估计系数	边际效应	估计系数	边际效应
自变量 / 就业风险	打工经历	- 0.363 (0.237)	- 0.022 (0.033)	- 1.116 ** (0.502)	- 0.073 ** (0.036)	- 0.190 (0.245)	0.027 (0.030)
	就业待遇 = 相差较小	0.729 (0.589)	0.058 (0.078)	1.686 ** (0.797)	0.105 ** (0.053)	0.336 (0.602)	- 0.042 (0.067)
	就业待遇 = 相差差不多	0.848 * (0.490)	0.095 (0.067)	0.679 (0.775)	0.021 (0.055)	0.418 (0.525)	- 0.004 (0.061)
	就业待遇 = 相差较大	0.649 (0.503)	0.060 (0.069)	0.952 (0.843)	0.047 (0.060)	0.395 (0.564)	- 0.007 (0.067)
农地产权风险	农地调整 = 局部调整	- 0.165 (0.465)	- 0.035 (0.063)	0.390 (0.589)	0.033 (0.041)	0.029 (0.552)	- 0.002 (0.063)
	农地调整 = 全部调整	- 0.487 (0.661)	- 0.049 (0.087)	1.436 * (0.760)	0.167 *** (0.050)	- 1.343 (0.855)	- 0.201 ** (0.097)
	农地确权 = 未确权	- 0.120 (0.383)	0.023 (0.051)	- 1.346 ** (0.686)	- 0.095 ** (0.048)	- 0.243 (0.423)	0.017 (0.049)
	农地确权 = 已确权	- 0.118 (0.341)	- 0.004 (0.045)	- 0.267 (0.469)	- 0.012 (0.032)	- 0.189 (0.371)	- 0.011 (0.042)
合约不完全	农地租约形式 = 口头合约	1.256 *** (0.300)	0.099 ** (0.043)	1.399 ** (0.577)	0.037 (0.045)	1.386 *** (0.462)	0.082 (0.059)
	农地租约形式 = 书面合约	1.209 *** (0.366)	0.001 (0.048)	2.913 *** (0.624)	0.114 ** (0.044)	2.720 *** (0.428)	0.209 *** (0.049)

变量		3 年以内		4~5 年		5 年以上	
		估计系数	边际效应	估计系数	边际效应	估计系数	边际效应
其他控制变量	性别	0.107 (0.271)	0.006 (0.037)	0.247 (0.380)	0.013 (0.026)	0.114 (0.308)	0.002 (0.035)
	年龄（取对数）	-0.352 (0.408)	-0.114** (0.055)	0.510 (0.601)	0.011 (0.042)	1.153*** (0.412)	0.149*** (0.048)
	受教育程度	0.0551 (0.155)	-0.010 (0.021)	0.105 (0.217)	-0.005 (0.015)	0.375** (0.163)	0.043** (0.019)
	非农就业经历	-0.204 (0.301)	-0.032 (0.040)	-0.286 (0.408)	-0.023 (0.028)	0.172 (0.329)	0.040 (0.038)
	农地转出方式 = 集体统一	-0.356 (0.487)	-0.118** (0.060)	0.739 (0.578)	0.030 (0.036)	1.111** (0.470)	0.136*** (0.049)
	农地转出方式 = 双方协商	0.255 (0.425)	0.048 (0.054)	0.141 (0.637)	0.015 (0.043)	-0.307 (0.465)	-0.055 (0.052)
	村庄经济水平	0.139 (0.172)	0.013 (0.024)	-0.057 (0.306)	-0.014 (0.022)	0.210 (0.177)	0.023 (0.021)
	村庄交通条件	-0.231 (0.205)	-0.023 (0.027)	-0.382 (0.278)	-0.022 (0.019)	-0.074 (0.218)	0.013 (0.025)
	村庄位置	-0.255 (0.577)	-0.054 (0.074)	0.129 (1.076)	0.007 (0.074)	0.282 (0.638)	0.043 (0.064)
	村庄地形	0.521*** (0.189)	0.037 (0.026)	1.234*** (0.425)	0.075** (0.030)	0.314 (0.232)	-0.021 (0.028)
省（区）虚拟变量		控制		控制		控制	
检验结果		观测值 = 614，Log pseudolikelihood = -581.985，Pseudo R^2 = 0.284					

注：为节省空间，未报告区域虚拟变量估计结果；括号中的数值是稳健性标准误；***、** 和 * 分别表示在1%、5%和10%的水平上显著。

资料来源：课题组农户问卷调查数据。

8.4 本章小结

基于农户风险预期视角，本章主要分析了农户资源配置风险、合约不完全对农户农地租约期限影响，并通过 Heckman 两步法进行了估计结果的稳健性检验。主要估计结果通过了稳健性检验，表明实证结果比较稳健。研究结果表明：第一，就业风险方面，农户家庭外出打工的代际数越多，那么农户越不可能选择 4~5 年租约期限。农户外出务工人员待遇与当地居民待遇相差较小时，农户倾向于选择 4~5 年租约期限。第二，农地产权风险方面，农户调查期内（近五年）经历过农地调整更倾向于选择 4~5 年租约期限，而农地全部调整对于农户选择 5 年以上长期租约有显著的负向影响。农户的农地未确权对于农户选择 4~5 年租约期限有显著的负向影响。结果表明就业风险与农地产权风险的存在不利于农地长期租约的形成。第三，农地租约形式所体现的合约不完全的影响表现为，约定口头合约的农地转出更容易形成 3 年以内的短期租约，而农户转出农地签订了书面合约将更可能选择 4~5 年与 5 年以上的相对长期租约。结果说明农地流转的契约化程度能够促进农地长期流转交易的达成。第四，随着农户年龄以及受教育程度的增加，其选择 5 年以上租约期限的概率也增加。第五，集体组织下的农地统一流转能够提高农户选择 5 年以上相对长期转出租约的可能性。第六，村庄地形越平坦，农户越可能达成 4~5 年的转出租约。结果一定程度上说明了经济发展较好的地区，农地流转市场可能也发展得更完善，农户将选择相对长期的租约期限，并且农地存在一定的升值空间，租金可能有波动性，农户也没有选择 5 年以上的长期租约。这将有助于其更好地获得转出农地的潜在收益。

第 9 章

农地租约期限的"逆向选择"

从时间维度上来说，任何一项合约选择都会呈现或长或短的期限特征，在许多情形下对于期限的选择也并非是一次性的。本章考虑这样一个情景：如果将行为主体的交易活动视为一系列的缔约活动，那么，前期的合约选择是否会对后期的缔约行为产生影响呢？为此，本章试图证明前期的合约选择不仅会影响后期的租约选择，而且在农地流转的租约期限选择中，有不断加剧的"短期化"倾向。重点在于：第一，基于伊莎等（Iossa et al.，2014）的解释模型，阐明合约期限"短期化"的机理。但是，与该模型不一样的地方是，我们将进一步讨论农地转出农户的承诺能力与土地承租者的机会主义行为对所引发交易费用的影响；第二，从实证的角度揭示农户对土地租约期限的选择，存在类似于信息不对称条件下产品市场中的"逆向选择"，从而导致短期合约"驱逐"长期合约的"柠檬市场"的形成。

9.1 短期租约及其"短期化"倾向

9.1.1 分析前提及说明

本章根据农户农地流转参与情况将农户分为两个类型：一是已经发生农地转出的农户；二是尚未发生农地转出的农户。同时强调，尽管农户关于农地转出的预期涉及诸多因素，但是，未转出农地农户的事前认知与有转出行为农户的经验认知显然存在差异。一方面，人的行动是有目的性的行为，会有意识地运用各种手段去实现预定目标，从而隐含着行为、时间和意愿的不确定性（Mises，1949）；另一方面，人们的行为选择在很大程度上取决于人们对所处环境的感知和描述，取决于其所拥有或获得的信息如何影响行为选择所涉及的变量（Simon，1997）。因此，农户所拥有的知识积累的差异性将导致农户对于行为选择的预期与决策的不同。

知识积累包括两个方面：一是发现合约所隐含收益与成本的核算能力；二是识别合约订立与实施所内含的交易成本的能力。可以推断，在农地流转过程中，一个已经参与过农地流转的农户，相对于一个尚未参与流转的农户来说，在重新缔约的选择中应该具有相对完备的缔约经验与知识积累。因此，缔约经验的有无会导致两类农户存在决然不同的缔约决策机制。一般来说，未转出过农地的农户只能依据描述信息情景来选择意愿期限，农地转出决策对其而言充满不确定性，往往容易高估小概率事件；而转出过农地的农户则处于经验信息情景中，则有低估小概率事件的倾向。为便于比较，我们对农户做相应的分类。将尚未发生转出行为的农户称为"事前农户"，其流转意愿则称之为"事前意愿"；将已经发生农地转出行为的农户称为"经验农户"，其流转意愿则称之为"事后意愿"。

9.1.2 短期缔约：意愿与事实的对比

在第 4 章所介绍的 2704 个样本农户中，转出过农地的经验农户样本为

614 个，流转合约亦为 614 份，没有转出过农地的事前农户样本为 2090 个，其合约期限选择如表9.1所示。

表9.1　　　　"事前农户"与"经验农户"的农地租约期限对比

合约期限	事前农户的意愿期限 ($N=2090$)		经验农户的实际期限 ($N=614$)	
	样本数（份）	占比（%）	样本数（份）	占比（%）
3年以内	785	37.56	158	25.73
4~5年	200	9.60	77	12.54
5年以上	293	14.02	154	25.08
期限不确定	812	38.85	225	36.64
合计	2090	100.00	614	100.00

资料来源：课题组农户问卷调查数据。

表9.1说明：第一，无论是经验农户的实际选择还是事前农户的意愿选择，农地流转的租约期限均具有"短期"特征。第二，与事前农户的流转意愿相比，经验农户的租约期限选择显示出相对"长期"的特征。或者说，由于缺乏缔约经验，事前农户对缔约期限的预期，表现出更为明显的不稳定特征。第三，值得注意的是，尽管经验农户在实际缔约中未能明确其租约期限的占比略低于事前农户，但依然高达36.64%，表明农地流转中的租约不稳定是普遍现象。

9.1.3　"短期化"现象：进一步的考察

进一步考察经验农户农地流转的实际租约期限与"事后意愿"期限，可以发现两者存在明显的差异，如表9.2所示。

表9.2　　　　经验农户的农地租约期限选择比较 ($N=614$)

合约期限	实际期限		事后意愿期限	
	样本数（份）	占比（%）	样本数（份）	占比（%）
3年以内	158	25.73	160	26.06
4~5年	77	12.54	79	12.87

续表

合约期限	实际期限		事后意愿期限	
	样本数（份）	占比（%）	样本数（份）	占比（%）
5 年以上	154	25.08	141	22.96
期限不确定	225	36.64	234	38.11
合计	614	100.00	614	100.00

资料来源：课题组农户问卷调查数据。

　　表9.2 显示：第一，在经验农户的事后意愿中，租约期限有进一步短期化的趋势，具体表现为租约期限为 5 年以内的比例增加，而 5 年以上的租约比重减少；第二，事后意愿中期限不确定的样本比例增加，接近于事前农户的水平。

　　在合约理论中，缔约决策的重点不仅在于是否签订合约，更关键的是合约的持续时间问题。通常认为，如果没有界定合约期限，或者说合约期限不确定，那么就可以视同为期限为零的情形（布鲁索和格拉尚，2011）。一个期限不确定的合约将比一个期限明确的短期合约隐含着更为强烈的不稳定性预期。据此，可以判断农户农地流转"事后意愿"的"短期化"特征将更为显著。

　　合约理论已经证明，长期的合作关系既可以表现为缔约期限的长期化，也可以通过多时段的短期合约的连续续约来表达。然而，农地流转所表现的特征是，不仅短期租约普遍存在，而且其后期租约中的缔约期限有不断缩短的趋势。这意味着，农地租约期限存在类似于信息不对称条件下产品市场中的"逆向选择"，从而导致短期合约"驱逐"长期合约的"柠檬市场"现象①。

9.2　理论分析及其假说

9.2.1　租约期限的逆向选择：一个推论

　　在农地流转中，租约期限的选择不仅涉及交易双方的谈判能力、可承诺

---

① 显然，"期限不确定"占比的提高，能够表征租约期限选择的"柠檬市场"特征。

能力,而且与行为能力及其可考核程度紧密关联。农地流转的"期限性"特征使得农地期限决策就是一种风险决策。不难判断,期限越长,面临的不确定的自然状态越多,风险也越大。进一步考虑到:第一,农地产权市场不断发育所形成的流转租金的价格生成机制及其可能增长的潜在收入流;第二,多种经营主体投资农业所形成的农户在农地流转"卖方市场"中的谈判优势;第三,农户非农就业不稳定性预期加剧所引发的对土地的保障性预期;等等。这些因素显然难以在租约承诺中得到完整表达,因此,一项短期的租约不仅有利于规避不确定性,而且租约期限越短,转出农户面临的履约风险越低。可见,对不确定性与风险规避所导致的短期化决策,是转出农户风险最小化的理性选择。

信息经济学认为若代理人拥有信息优势且试图借此获利,则委托人就有必要去发现并减少其信息劣势的方法,由此引发的对于一阶段最优租约的改动和偏离,有可能导致交易低效率,甚至使得交易不再发生(因内思·马可-斯达得勒等,2004)。因此,可以得出一个基本的推论:一方面,为了降低土地承租者利用对土地质量信息不可观察性与不可考核性的剩余索取权而实施机会主义行为的风险,转出农户可能倾向于签订短期租赁合约,或者即使签订长期租约也有可能利用其控制权而随时中断合约的实施;另一方面,由于租约的短期性以及预期不足,土地承租者为了避免投资锁定与套牢,一般会尽量减少专用性投资、更多种植经营周期较短的农作物,从而加剧短期行为。由此形成的两难问题是:租约越短期,行为会越短期化;行为短期化越明显,租约期限将进一步趋于短期化,从而诱发土地租约的"逆向选择",甚至导致租约期限的"柠檬市场"。

9.2.2 租约"短期化":数理模型的阐释

我们进一步应用已有的期限模型(Iossa et al.,2014),考察农地转出农户的承诺能力与土地承租者机会主义行为所引发的交易费用及其对租约期限选择的影响。

假设农地流转租约绩效取决于:第一,农地转出农户承诺能力类型(θ_t)有两个数值,即高(H)或者低(L);第二,土地承租者实施机会主义行为的概率,我们用 $i_t \in [0,1]$ 表示,它给农地转出农户带来的交易费用为

$tc(i)$。我们需要考虑具有"凸性"的交易费用函数：$tc(0) = 0$，$tc'(0) \geq 0$，且 $tc''(\cdot) > 0$。为了证明在某种约束条件下短期租约优于长期租约，不妨考虑交易费用函数的表达式为：

$$tc(i) = \frac{\lambda i + i^2}{2} \tag{9.1}$$

公式（9.1）为二次函数，常数项为 0，即交易费用曲线经过原点（0，0），表明机会主义行为发生概率为 0 时，交易费用为 0，符合经济假设。其中 λ 为一次项系数，一定程度上反映了土地承租者实施机会主义行为的概率（i）所引起的交易费用的程度。

9.2.2.1 仅有一期（短期）的缔约情况

在一期的缔约情况下，把农地转出农户的贴现因子记为 δ，其中：承诺能力高（H）的情景下，其能力高的概率为 ρ，非能力高的概率为（$1-\rho$）；而承诺能力低（L）的情景下，其能力低的概率为 ρ，非能力低的概率为（$1-\rho$）。因此，我们可以简单假设农地转出农户的预期支付在承诺能力高（H）和低（L）时分别为：

$$\Pi^H = L + [\rho + (1-\rho)i](H-L) - (1-\rho)tc(i)$$
$$+ \delta\{[\rho + (1-\rho)i]\Pi^H + (1-\rho)(1-i)\Pi^L\} \tag{9.2}$$
$$\Pi^L = L + (1-\rho+\rho i)(H-L) - \rho tc(i)$$
$$+ \delta[(1-\rho+\rho i)\Pi^H + \rho(1-i)\Pi^L] \tag{9.3}$$

那么，土地承租者的均衡机会主义行为 i^* 从农地转出农户的边际条件得到：

$$tc'(i^*) = mr(i)$$
$$= \delta(\Pi^H - \Pi^L)$$
$$= \delta(2\rho - 1)\frac{(1-i)(H-L) + tc(i)}{1 - \delta(2\rho-1)(1-i)}$$
$$= \delta(2\rho - 1)\frac{(1-i)(H-L) + \lambda i + i^2/2}{1 - \delta(2\rho-1)(1-i)} \tag{9.4}$$

从而解得：

$$i^* = \frac{1 - \delta(2\rho-1)}{\delta(2\rho-1)}\left[1 + \frac{\delta(2\rho-1)(H-L)}{1 - \delta(2\rho-1)}\right]$$

$$\left\{ \sqrt{1 + 2\frac{1 - \delta(2\rho - 1)}{\delta(2\rho - 1)} \times \frac{\dfrac{\delta(2\rho - 1)(H - L)}{1 - \delta(2\rho - 1)} - \lambda}{\left[1 + \dfrac{\delta(2\rho - 1)(H - L)}{1 - \delta(2\rho - 1)}\right]^2}} - 1 \right\} \tag{9.5}$$

当 $(H - L)$ 趋于无穷大时，土地承租者的均衡的机会主义行为 i^* 接近 1。即 $\lim\limits_{(H - L) \to \infty} i^* = 1$。

9.2.2.2 两期（长期）缔约情况

在农地转出农户承诺能力高（H）的条件下，农地转出农户在第一期的预期支付为：

$$\begin{aligned}
\Pi_1^H =& L + [\rho + (1 - \rho)i](H - L) + \delta[L + \{[\rho + (1 - \rho)i_1][\rho + (1 - \rho)i_2] \\
&+ (1 - \rho)(1 - i_1)(1 - \rho + \rho i_2)\}(H - L)] - (1 - \rho)tc(i_1) \\
&- \delta(1 - \rho)(1 - i_1)tc(i_2) + \delta(\{[\rho + (1 - \rho)i_1][\rho + (1 - \rho)i_2] \\
&+ (1 - \rho)(1 - i_1)(1 - \rho + \rho i_2)\}\Pi_1^H + \{1 - [\rho + (1 - \rho)i_1][\rho + (1 - \rho)i_2] \\
&- (1 - \rho)(1 - i_1)(1 - \rho + \rho i_2)\}\Pi_1^L)
\end{aligned} \tag{9.6}$$

而在农地转出农户承诺能力低（L）的条件下，农地转出农户在第一期的预期支付则为：

$$\begin{aligned}
\Pi_1^L =& L + (1 - \rho + \rho i_1)(H - L) + \delta[L + \{(1 - \rho + \rho i_1)[\rho + (1 - \rho)i_2] \\
&+ [\rho + (1 - \rho)i_1](1 - \rho + \rho i_2)\}(H - L)] - \rho tc(i_1) \\
&- \delta\rho(1 - i_1)tc(i_2) + \delta(\{(1 - \rho + \rho i_1)[\rho + (1 - \rho)i_2] \\
&+ [\rho + (1 - \rho)i_1](1 - \rho + \rho i_2)\}\Pi_1^H + [1 - (1 - \rho + \rho i_1)[\rho + (1 - \rho)i_2] \\
&- [\rho + (1 - \rho)i_1](1 - \rho + \rho i_2)]\Pi_1^L)
\end{aligned} \tag{9.7}$$

此外，土地承租者在第二期的均衡机会主义行为 i_2^* 从农地转出农户的边际条件得到：

$$\begin{aligned}
tc'(i_2^*) =& mr_2(i_1^*, i_2^*) \\
=& \delta(\Pi_1^H - \Pi_1^L) \\
=& \delta(2\rho - 1)\frac{\begin{aligned}&(1 - i_1)[1 + \delta(2\rho - 1)(1 - i_2)](H - L) + tc(i_1)\\&+ \delta(2\rho - 1)(1 - i_1)tc(i_2)\end{aligned}}{1 - [\delta(2\rho - 1)]^2(1 - i_1)(1 - i_2)}
\end{aligned} \tag{9.8}$$

又因为在第一期为低承诺能力的农地转出农户（$\theta_1 = L$）在第二期的预期支付为：

$$\Pi_2 = -tc(i_1) + i_1\delta\{\rho\delta\Pi_1^H + (1-\rho)[\delta\Pi_1^L - tc(i_2) + \delta(\Pi_1^H - \Pi_1^L)i_2]\}$$
$$+ \delta(1-i_1)\{(1-\rho)\delta\Pi_1^H + \rho[\delta\Pi_1^L - tc(i_2) + \delta(\Pi_1^H - \Pi_1^L)i_2]\}$$
$$= \delta\{(1-\rho)\delta\Pi_1^H + \rho[\delta\Pi_1^L - tc(i_2) + \delta(\Pi_1^H - \Pi_1^L)i_2]\} - tc(i_1)$$
$$+ i_1\delta(2\rho-1)[\delta(\Pi_1^H - \Pi_1^L)(1-i_2) + tc(i_2)] \qquad (9.9)$$

所以，土地承租者在第一期的均衡机会主义行为 i_1^* 从农地转出农户的边际条件得到：

$$tc'(i_1^*) = mr_1(i_1^*, i_2^*)$$
$$= \delta(2\rho-1)[\delta(\Pi_1^H - \Pi_1^L)(1-i_2) + tc(i_2)]$$
$$= \delta(2\rho-1)[mr_2(i_1^*, i_2^*)(1-i_2) + tc(i_2)]$$
$$= \delta(2\rho-1)mr_2(i_1^*, i_2^*) - \delta(2\rho-1)[mr_2(i_1^*, i_2^*)i_2 - tc(i_2)]$$
$$= \delta(2\rho-1)mr_2(i_1^*, i_2^*) - \delta(2\rho-1)\max_{i_2}[mr_2(i_1^*, i_2^*)i_2 - tc(i_2)]$$
$$\leqslant \delta(2\rho-1)mr_2(i_1^*, i_2^*) \qquad (9.10)$$

当 δ 和 ρ 同时趋于 1 时，土地承租者在第一期和第二期的均衡机会主义行为同时等于 0 或前者小于后者。即：

$$mr_1(i_1^*, i_2^*) \leqslant \delta(2\rho-1)mr_2(i_1^*, i_2^*) \Rightarrow \lim_{\delta,\rho\to 1}mr_1(i_1^*, i_2^*)$$
$$\leqslant \lim_{\delta,\rho\to 1}\delta(2\rho-1)mr_2(i_1^*, i_2^*) \Rightarrow \lim_{\delta,\rho\to 1}tc'(i_1^*)$$
$$\leqslant \lim_{\delta,\rho\to 1}\delta(2\rho-1)tc'(i_2^*) \Rightarrow tc'(i_1^*) \leqslant tc'(i_2^*) \qquad (9.11)$$

从而解该不等式有：$i_1^* = i_2^* = 0$，或 $i_1^* < i_2^*$。进一步，当且仅当 $tc'(0) \geqslant mr_2(0, 0)$ 时，$i_1^* = i_2^* = 0$。

9.2.2.3 短期与长期租约下的福利比较

首先，在短期租约下，农地转出农户的期望福利水平为：

$$W^1(i^*) = \frac{\Pi^H + \Pi^L}{2} = \frac{1}{1-\delta}\left[\frac{L+H}{2} + \frac{i^*(H-L) - tc(i^*) + i^*tc'(i^*)}{2}\right]$$
$$(9.12)$$

其次，在长期租约下，农地转出农户的期望福利水平为：

$$W_2(i_2^*) = \frac{\Pi_1^H + \Pi_1^L}{2} = \frac{1}{1-\delta}\left\{\frac{L+H}{2} + \frac{\delta[i_2^*(H-L) - tc(i_2^*) + itc'(i_2^*)]}{2(1+\delta)}\right\}$$
$$(9.13)$$

令 $W(i) = i(H-L) - tc(i) + itc'(i)$，且 $W'(i) = (H-L) + itc''(i) > 0$，所

以，当 $i_1^* = i_2^* < i^*$ 时，$W(i^*) > \dfrac{\delta}{1+\delta}W(i_2^*) = 0$，从而有 $W_1(i^*) > W_1(i_2^*)$。

从而证明，在农地转出农户承诺能力较低（$\theta_1 = L$）时，土地承租者的均衡机会主义行为在短期租约中比在长期租约中严重，农地转出农户的福利水平也表现为在短期租约中比在长期租约中要高，所以，天然具有垄断性谈判地位的农地转出农户在该约束条件下将倾向于选择短期合约。

9.2.3 分析维度及其假说

结合前文的文献分析，本章着重从土地依附性、农地质量特性、农户风险预期三个维度讨论其对农地租约期限选择的影响，并提出相应的假说。

9.2.3.1 土地依附性

在中国城乡公共服务不均等的背景下，对于大多数处于以农为生、以农为业、以地立命生存状态的农民而言，土地依然提供着重要的社会保障功能（罗必良，2014）。但是农村合作医疗与养老保险等替代性福利保障品的制度性供给，应该能够降低农户对土地的依存度。据此可以提出下列假说：

> H1-1 农户家庭老年劳动力、务农劳动力越多，家庭收入中农业收入占比越大越多，对土地依附性越强，越具有租约短期化倾向。
>
> H1-2 农户养老保障与医疗保障越完善，其土地依附性越弱，有可能会抑制租约期限的短期化。

9.2.3.2 农地质量特性

农地质量不仅涉及土壤肥力、农户承包地地块的大小，也涉及农地细碎化程度等。一般来说：第一，承包地规模反映农户土地禀赋的富裕程度以及经营的可选择空间。考虑到农户普遍存在的自给性行为，如果农户承包地的面积越大，则转出去的可能性及流转的面积也会越大，这无疑对生产大户、家庭农场或者龙头企业等规模化经营主体更具吸引力，易于形成长期租约；而面积相对小的承包地，更可能是基于地理区位特点而被附近的农户转入，可能形成比较随意的口头合约，期限存在不确定性。第二，承包地的平均地块面积能够表征土地的细碎化程度，对农地的生产效率与规模经营有负面影响。平均地块面积越小表示其细碎化程度越高，那么并不利于农户进入正式的农地流转市场，农户谈判能力较弱，倾向于转给村内农户，形成关系型农地流转交易，而导致期限随意性较大，短期而灵活。第三，由于农地承租者对土壤肥力的维护激励与租约期限密切相关，因此，一个短期化的租约势必加剧对土地的掠夺行为，而一个长期租约带来的稳定预期显然有利于土壤肥力的维护。据此可以提出下列假说：

H2-1 农户承包地面积越大、肥力条件越好，可能会抑制租约期限的短期化。

H2-2 农户承包地细碎化程度越高，越可能发生租约期限的短期化。

9.2.3.3 农户风险预期

对于农户而言，农地流转的风险程度与承租者的可预期程度密切相关，因为租约总是不完全的，如果租约能够自我实施，将是流转交易最优的一种状态。因而承租者的类型所表达的与农户的关系亲疏程度会影响农户对承租者的信任程度，并判断其履约可能性，进而影响农户的风险预期。此外农户前期的流转经验也会影响其风险预期。一般来说，信任程度越高，实施机会主义行为的可能性越小。由此，足够的信任会使长期的有效合约被短期租约所复制，而且避免了长期租约的缔约成本。另外，按照贝叶斯理论，行为人会根据先期缔约的信号以及合约执行中的行动，不断修正先验信念（张维迎，2013）。即使存在重新缔约，依然面临着信息不对称与未来行为的不确定性，先验信念将具有重要的时间选择意义（Meyer et al.，1997；Crocker et al.，1988）。因此，农户对租约风险的判断同样会通过观察及经验等知识积累进行修正。当期实际流转期限越长，那么农户所掌握的风险信息越充分，面临下一期决策更具有经验而谨慎。而对于风险性结果，人们会过分关注并高估小概率事件发生的可能性（Kahneman et al.，1979）。因此，如果一个农户对于承租者签约后的履约行为越在意，那么其风险规避心理越强，越会在农地流转中采取更为谨慎的态度。据此可以提出下列假说：

H3-1 如果农户选择亲友邻居作为转出对象，那么更可能形成具有"特殊信任"的关系型租约，更倾向于短期缔约。

H3 - 2　实际流转期限越长，越有助于获取充分信息而准确预期流转风险，可能会提高其风险预期而具有短期化倾向。

H3 - 3　农户越在意承租方农地处置行为，则越可能加剧农户的风险规避，导致租约的短期化。

9.3　实 证 分 析

9.3.1　计量模型

农户在转出农地时的流转合约期限选择是多种因素综合影响的结果。可以构建一个简单的动态模型：

$$y_{it} = \alpha y_{i,t-1} + \beta x_{it} + \gamma_i + \mu_{it} \tag{9.14}$$

其中，y_{it} 与 $y_{i,t-1}$ 分别表示第 i 个农户下一期农地流转合约期限与当期实际流转期限；x_{it} 表示其他随着时间变化的对合约期限有影响的因素；γ_i 表示固定效应项，也就是部分不随着时间而变化的影响因素；μ_{it} 是随机扰动项；α、β 分别表示影响系数。

如前所述，鉴于农地流转的本质是依附于农户承包权的经营权交易，决定了农地流转必然表现为一种"时段性"的交易。农地流转租约期限的"短期化"，本质上表达的是流转租约在一期一期的续约中，其租约期限逐渐缩短的一个动态化过程。为此，将前后两期的租约期限进行比较，即可测度其"短期化"程度。本章将其设为因变量 Y_{it}，表达为：

$$Y_{it} = y_{it} - y_{i,t-1} = (\alpha - 1)y_{i,t-1} + \beta x_{it} + \gamma_i + \mu_{it} \tag{9.15}$$

Y_{it} 值越小，表示短期化程度越大。其赋值标准是：

$$
\begin{cases}
Y_{it} = 0, & y_{it} - y_{i,t-1} > 0 \\
Y_{it} = 1, & y_{it} - y_{i,t-1} = 0 \\
Y_{it} = 2, & y_{it} - y_{i,t-1} < 0 \\
Y_{it} = 3, & y_{it} = 不确定
\end{cases}
\tag{9.16}
$$

由于因变量 Y_{it} 属于有序多分类变量，适用于多分类有序 Logit 模型。通

过该模型，可以得到因变量 Y_{it} 不同取值时的概率，而 μ 服从 Logit 分布，则有分布函数：

$$F(z) = \frac{e^z}{1 + e^z} \tag{9.17}$$

9.3.2 样本及其变量设置

为了保证检验结果的准确性，计量分析选取前述 9 个省（区）614 个经验农户中明确表达租约期限的 389 个农户样本作为考察对象（剔除 225 个实际流转期限"不确定"的样本）。为分析农地租约期限的"逆向选择"问题，本章识别了因变量、自变量以及农户与家庭特征、村庄特征变量等控制变量。同时考虑到未观测到的区域社会、经济和制度因素对农户农地流转行为的潜在影响，也识别了 9 个省（区）的区域虚拟变量。具体变量的设置是：

9.3.2.1 因变量

以 389 个样本农户当期流转租约中所设定的期限为参照，如果下期的意愿流转期限相对于当期流转期限来说，变长的赋值为 0，不变的赋值为 1，变短的赋值为 2，变成不确定期限的则赋值为 3。

9.3.2.2 自变量

（1）土地依附性。主要通过年龄大于 50 岁劳动力的数量[①]、务农劳动力数量、家庭收入中农业收入占比变量来表达农户对土地的生存依赖程度，并通过是否具有养老保险与医疗保险来表达农户对于土地保障功能的可替代性。

（2）农地质量特性。主要通过承包地面积、平均地块面积与土壤肥力变量来描述土地质量特性。

（3）风险预期。主要从是否意愿转出给亲友邻居、实际流转期限以及对承租方事中行为的态度变量来衡量农户的风险预期。

---

① 已有研究表明，在全部农民工外出就业总量中，50 岁以上年龄组别的农民工只占 5.06%（章铮，2008）。从而意味着 50 岁以上的农业人口对农地有着明显的依附性。

9.3.2.3 控制变量

（1）农户与家庭特征变量，包括户主年龄与家庭相对收入水平变量。其中户主年龄可能会影响其对于农地的依赖性以及风险规避倾向，老龄劳动力更可能从非农就业市场退出，生命周期投资理论认为农户的风险厌恶系数与其年龄成正比，因此户主年龄越大，越可能选择短期租约。家庭相对收入越高则可能缓解农户对于土地的依附性，有可能因为不需要农地经营权而长期出租，也可能因为不需要农地租金收入而转给亲友等关系密切的主体，因而期限可能不确定。

（2）村庄特征变量，其反映了农户所面临的农地要素流转社会环境，村庄地理环境与经济发展状况对农地流转一定影响，在此设置村庄经济水平、地形特征与交通条件变量。

具体的变量定义与描述统计见表9.3。

表9.3   变量定义与描述统计（N = 389）

	变量	赋值（单位）	均值	标准差
因变量	流转意愿期限	3 = 不确定，2 = 变短，1 = 不变，0 = 变长	1.393	0.980
自变量	土地依附性 — 50 岁以上的劳动力数量	个	0.884	0.925
	务农劳动力数量	个	0.792	0.917
	农业收入占比	%	30.404	32.153
	是否购买养老保险	1 = 是，0 = 否	0.581	0.494
	是否购买医疗保险	1 = 是，0 = 否	0.910	0.287
	土地特征 — 承包地面积（取对数）	亩	1.523	0.883
	平均地块面积	承包地面积/地块数	1.706	2.139
	土壤肥力	5 = 很好，4 = 较好，3 = 一般，2 = 较差，1 = 很差	3.522	0.878

续表

变量			赋值（单位）	均值	标准差
自变量	风险预期	是否意愿转给亲友邻居	1 = 是，0 = 否	0.393	0.489
		实际流转期限	年	2.815	1.138
		对承租方事中行为（挖沟、打井等）的态度	3 = 很在意，2 = 一般，1 = 不在意	2.270	0.835
控制变量		户主年龄	岁	44.049	15.346
		农户相对收入（与上年相比）	5 = 低很多，4 = 低一些，3 = 一般，2 = 高一些，1 = 高很多	2.746	1.148
		村庄经济水平	5 = 很高，4 = 比较高，3 = 中游，2 = 相对低，1 = 很低	3.105	0.730
		村庄交通	5 = 很好，4 = 较好，3 = 一般，2 = 较差，1 = 很差	3.512	0.893
		村子的地形	3 = 平原，2 = 丘陵，1 = 山区	2.344	0.793

注：为了节省空间，未报告区域虚拟变量估计结果。
资料来源：课题组农户问卷调查数据。

9.3.3 计量结果与分析

实证结果如表 9.4 所示，其中第（1）列表示通过多分类有序 Logit 模型对于影响农地流转租约期限短期化的因素进行估计，并且控制省（区）域虚拟变量，作为模型估计的主要结果，其他结果作为稳健性检验。第（2）列表示控制村庄虚拟变量条件下，对于影响农地流转租约期限短期化的因素进行多分类有序 Logit 模型估计的结果。第（3）（4）列表示控制省区域虚拟变量条件下，分别采用最小二乘法（OLS）和有序 Probit 模型进行计量的结果。表 9.4 中结果显示，控制不同区域虚拟变量以及采用不同的计量方法，变量估计结果没有明显差异，因而结果是稳健的。

表 9.4 模型参数估计结果（N = 389）

变量	（1）	（2）	（3）	（4）
	Logit 省（区）	Logit（村庄）	OLS	Probit
年龄大于 50 岁的劳动力数量	-0.170 (0.131)	-0.233 (0.272)	-0.075 (0.057)	-0.084 (0.074)
务农劳动力数量	0.076 (0.131)	0.253 (0.298)	0.034 (0.056)	0.038 (0.073)
农业收入占比	-0.004 (0.003)	0.007 (0.007)	-0.002 (0.001)	-0.002 (0.002)
养老保险	0.056 (0.238)	0.289 (0.623)	0.012 (0.101)	0.014 (0.130)
医疗保险	0.124 (0.368)	-1.400 (1.061)	0.052 (0.167)	0.060 (0.217)
承包地面积（取对数）	0.196 (0.160)	0.369 (0.360)	0.070 (0.071)	0.102 (0.090)
平均地块面积	0.002 (0.043)	-0.004 (0.090)	0.001 (0.022)	0.002 (0.027)
土壤肥力	-0.399 *** (0.140)	-0.675 ** (0.321)	-0.154 *** (0.059)	-0.224 *** (0.077)
是否意愿转给亲友邻居	0.750 *** (0.245)	0.886 (0.678)	0.358 *** (0.106)	0.454 *** (0.137)
实际流转期限	0.964 *** (0.122)	1.328 *** (0.338)	0.363 *** (0.045)	0.543 *** (0.065)
对承租方事中行为的态度	0.480 *** (0.139)	0.562 (0.364)	0.186 *** (0.058)	0.260 *** (0.078)
年龄	0.008 (0.008)	0.020 (0.018)	0.002 (0.003)	0.003 (0.004)
农户家庭相对收入（与上年相比）	-0.058 (0.092)	-0.633 ** (0.272)	-0.023 (0.041)	-0.034 (0.053)
村庄经济水平	0.0618 (0.156)	-0.074 (0.475)	0.026 (0.067)	0.053 (0.090)
村庄交通	0.226 (0.138)	0.471 (0.355)	0.113 * (0.059)	0.133 * (0.078)

续表

变量	(1)	(2)	(3)	(4)
	Logit 省（区）	Logit（村庄）	OLS	Probit
村庄地形	0.277 (0.202)	-3.175 *** (0.999)	0.117 (0.082)	0.155 (0.108)
区域虚拟变量	控制省（区）	控制村庄	控制省（区）	控制省（区）
观测值	389	389	389	389
Log pseudolikelihood	-407.448	-248.438	—	-408.550
Pseudo R²	0.133	0.471	0.244	0.130

注：①回归不同程度地控制了省（区）域虚拟变量和村庄虚拟变量，但是为了节省版面，没有汇报其回归结果以及常数项结果。②括号内的数值为稳健标准误。③ *** 、 ** 和 * 分别表示在1%、5%和10%的水平上显著。

结果显示，能够通过显著性检验的是土壤肥力、是否意愿转给亲友邻居、实际流转期限、对承租方事中行为的态度等变量，而实际流转期限对于租约期限的短期化影响较大。模型估计结果基本验证了本书的假说。具体分析如下：

（1）土地依附性。年龄大于 50 岁的劳动力数量、务农劳动力数量、农业收入占比、养老保险以及医疗保险变量在统计上没有显著影响。也就是说农地的生存、养老等福利保障功能并没有显著影响农地流转租约期限的选择，这与罗必良等（2015）的研究结论一致。出现这样的结果的原因可能是，对于目前的经济发展水平而言，农地本身所能够承担的养老功能、就业功能、经济收入等保障功能是有限的，难以成为影响农户农地流转决策的核心因素。而外部正式制度下的养老保险、医疗保障，尽管一定程度上降低了农户的生存发展风险，但是其尚不能完全取代农地对于农户的价值。

（2）土地特征。农户拥有的承包地面积、平均地块面积对于农户租约期限没有显著影响，而土壤肥力存在显著的负向影响。可能的原因是，在国内，一般农户的承包地面积并不大，不因时间而变化，并且家庭承包制均田分配下农户间承包地面积差异不明显。而且普遍存在细碎化特征，因而平均地块面积较小。土壤肥力变量的影响系数为负数，并且通过 5% 的显著性水平检验，表示肥力越好，越可能抑制期限的短期化，验证了假说 H2-1。

（3）风险预期。不同的流转对象表达了其与农户之间的不同的信任程度。农户选择亲友邻居作为下一期农地转出对象变量的估计系数显著为正，表明其更可能加剧农地租约短期化与不确定性。因为农户与亲友邻居之间的隐含着亲缘、地缘关系的"特殊信任"，将导致其租约的关系型特征。一方面，租约期限更可能是根据彼此需求而变化的，而非固定的，因而倾向于选择不定期；另一方面，特殊信任下，进行重新缔约成本极低，那么双方不需要花精力去确定一个更精确的期限，验证了假说 H3 - 1。实际流转期限变量影响系数为正显著，表明当期期限越长，下一期期限越有可能缩短，验证了假说 H3 - 2。即在长期的流转中，农户可能对于流转风险的认知更清晰，对于市场风险也有一定的认识，可能更倾向于保持对于农地的控制而选择短期流转，获得更多的安全感。农户对承租方事中行为（挖沟、打井等）的态度变量也通过了 1% 的显著性水平检验，显著为正，表明农户越在意承租方对农地的处置行为，对风险预期越敏感，而倾向于短期化租约期限，验证了假说 H3 - 3。

（4）控制变量。户主年龄变量、村庄经济水平变量对于农地租约的期限没有显著影响。而农户的家庭收入相对于上一年的水平变量对于农地流转租约的短期化有负向影响，表明农户家庭收入逐年增加，有益于促进长期租约的形成。村庄交通变量对于农地流转租约的短期化有正向影响，表明村庄交通条件越好，农户更可能会在农地流转期限决策上呈现出短期化特征。原因可能在于交通条件较好的地方，农地的租金升值的潜力较大，短期流转有助于农户避免被"锁定"而获取更大的潜在收益。村庄地形变量对于租约的短期化有显著的负向影响，表明地势平坦的地方，更可能形成长期租约。这可能因为就整个农地流转市场而言，平原地区更容易吸引农业龙头企业进行长期投资。

9.4 本章小结

本章发现在现实的农地流转中，短期租约是普遍现象。更为重要的是，对于已经发生农地流转的经验农户来说，其后期租约期限的"事后意愿"选择明显低于当期租约期限，从而呈现出"短期化"趋势，并发现农户在农地流转的租约安排中，存在缔约期限的"逆向选择"，进而导致短期租约"驱逐"长期租约的"柠檬市场"的形成。实证结果表明：第一，在人地矛盾紧张的背景下，农民的理性原则是以生存安全为第一要素，其经济决策的基础是生存伦理而不是经济理性（Scott，1976）。因此，农户的风险预期对于租约期限的短期化具有重要影响。第二，土地特征如肥力所表达的土地潜在收益越高，农户越倾向于缩短期限以便于保持农地流转的灵活性。第三，对于经验农户而言，当期租约的期限越长，下期租约的意愿期限缩短的概率越大，意味着已有的农地流转租约及其实施的不规范尚未为农地产权市场的发育形成有益的知识积累。

| 第 10 章 |
研究结论与启示

随着我国城镇化的发展以及农村劳动力大量的转移至城镇中，农村农地流转将明显加快。这不仅有助于实现农业的适度规模经营与现代化发展目标，还能够激发农村发展活力，促进乡村振兴。但是，由于自古以来农地承载着农户的生存、就业、乡土关系等诸多内容，农地的流转并不等同于一般物品的市场交易。尤其是在目前农村社会保障制度尚未能很好地满足农户需求的情境下，农户的农地流转参与可能被抑制。在这样的现实背景下，本书关注农户农地转出行为，尤其是其转出租约期限的形成机理。农地流转的本质是农地经营权的让渡，是具有时间约束的交易，制约着农地流转缔约双方的行为预期与决策。因而农地租约期限显得尤为重要。本书主要目的是阐释农户农地租约的期限是如何形成的。

在描述我国农地流转及租约现状，以及梳理对影响农户转出农地、农地租约期限因素有关研究的基础上，本书的研究框架得以建构。首先，阐述农地本身的性质及其福利保障功能，以此结合随着乡土社会变迁，农户逐渐出现分化的客观事实讨论农户对于农地的依赖性。其次，基于理性小农的假设阐明农户的农地转出行为实质上是一个多目标决策行为，农户追求自身家庭福利保障效用的最大化，但是也需要在转出农地的交易中进行成本与风险控制，因为后两者将影响其福利保障效用目标的实现。由此，引出本书的分析线索，即从农户分化、福利保障、交易费用与风险预期四个视角分别构建理论分析框架，对农地租约期限的影响因素进行分析。最后，通过 2015 年全国 9 个省（区）农户问卷调查数据，采用多元选择模型进行实证分析，并通过聚类稳健回归与 Heckman 两步法进行了估计结果的稳健性检验，以此进一步验证农地租约期限决定机理。

10.1　主要研究结论

（1）农村社会保障可以分为正式制度保障与非正式制度保障两类，其中非正式制度保障包括以家庭为核心形成的保障机制、以家族为中心的互助型保障机制和以土地为依托的资源替代型保障机制。根据农地的属性，即农地的生产能力、凝聚能力及其财产属性，可以对应将农地为农户提供的福利保障功能分三类，分别是生存保障、集体互惠与财产享益。

（2）体现于就业依赖、经济依赖与情感依赖三个维度的农户分化将导致其对农地依赖性的差异，由此将影响其农地配置行为，尤其是借由农地经营权转移的时间长短（租约期限），实现其农地功能诉求的调整。农户是否有偿转出农地所体现的经济依赖将促使农户更可能选择 4~5 年及 5 年以上的租约期限。结果在一定程度上反映了农地流转所实现的农地财产属性功能对于农户的重要性。

（3）福利保障中，农地福利保障、正式制度保障、农村社区保障对于农户农地租约期限选择没有显著影响，引入交互项后，三类福利保障对于农户农地租约期限的选择还是没有显著影响，说明正式制度保障还不够完善，尚不足以影响农户农地转出行为决策，而转出农地的农户已经不那么重视农地福利保障与农村社区保障，两者对其期限选择影响也不明显。

（4）基于威廉姆森交易费用分析范式，从资产专用性、不确定性与交易频率三个维度测度其转出农地的交易费用。结果表明，农地细碎化程度表达的农地专用性对于农地租约期限选择有显著的影响，即农地的细碎化程度越高，农户倾向于选择 4~5 年的相对长期的租约期限。农户家庭工资收入比率越高，越倾向于选择 3 年以内的租约期限，但是农户人力资本有利于促进 5 年以上农地租约的形成。农户转出农地给同村农户更倾向于选择 4~5 年租约期限，而转给外村农户则更可能形成 4~5 年及 5 年以上期限的租约，而转出给组织主体则对选择 3 年以内租约期限有显著的负向影响。结果说明市场化的农地流转有助于促进农户长期转出农地。

（5）农户转出农地导致的农地资源与劳动力资源配置引起的风险与合约形式所表达的合约完全程度对于农户租约期限选择有显著影响。就业风险方面，农户家庭外出打工的代际数越多，那么农户越不可能选择 4~5 年租约期限。农户外出务工人员待遇与当地居民待遇相差较小时，农户倾向于选择 4~5 年租约期限。农地产权风险方面，农户在调查期内（近五年）经历过农地调整的更倾向于选择 4~5 年租约期限，而农地全部调整对于农户选择 5 年以上长期租约有显著的负向影响。农户的农地未确权对于农户选择 4~5 年租约期限有显著的负向影响。结果表明就业风险与农地产权风险的存在不利于农地长期租约的形成。农户约定口头合约的农地转出更容易形成 3 年以内的短期租约，而签订了书面合约将更可能选择 4~5 年及 5 年以上的相对长期租约。结果说明农地流转的契约化程度能够促进农地长期流转交易的达成。

（6）随着农户年龄的增加或者农户受教育程度的提高，农户选择 5 年以上租约期限的可能性增加。结果说明，随着农户年龄增加而减弱的农业劳动能力将促使其更可能长期转出农地，而随着农户受教育程度的提高，农户非农就业的能力增强，也促使其长期转出农地。

（7）农户转出农地时，由村集体统一组织下的农地转出将减少 3 年以内的短期租约的形成，更可能形成 5 年以上的长期租约，而转出农地仅仅由双方协商，则降低农户选择 5 年以上长期租约的可能性。结果表明农地流转的组织化程度与规范化程度越高，越有利于长期农地流转租约的形成。

（8）村庄地形对于农地转出的租约期限有显著的影响。相对于居住在山区的农户，居住在平原的农户倾向于选择 3 年以内、4~5 年的租约期限。这可能是平原地区经济发展更好，农地还存在一定的升值空间，农户更愿意选择期限较短的租约，以保持流转交易的灵活性。

（9）在现实的农地流转中，短期租约是普遍现象。更为重要的是，对于已经发生农地流转的经验农户来说，其后期租约期限的"事后意愿"选择明

显低于当期租约期限，从而呈现出"短期化"趋势，并发现农户在农地流转
的租约安排中，存在缔约期限的"逆向选择"，进而导致短期租约"驱逐"
长期租约的"柠檬市场"现象。

10.2 政 策 启 示

现实中，尽管农地的出租率在增加，但是其增长速度并未赶上农地抛荒
的增长速度（白雪娇，2015）。因此，在目前我国的乡村振兴战略下，通过
农地流转促进劳动力与土地资源禀赋的有效流动，对于实现农地的集约化经
营、适度规模经营以及促进农村农业的发展都是很重要的。因此，从唯一拥
有承包权主体的农户层面着手，考察其农地转出租约期限决定，对于增加我
国促进农地流转活力，促进农地流转市场的规范化发展，有效实现农地的财
产属性及其功能都有一定的政策启示。

（1）引导农地有序流转，迎合农户分化的现实需求。实证研究表明农地
福利保障、社会正式制度保障与农村社区保障对于农户转出农地的租约期限
决策影响并不显著。结果说明，对于目前的农户而言，农地所提供的就业、
经济等福利保障功能较弱，而农地本身的财产功能变得更为重要。同时，随
着农村劳动力不断外流与农民市民化的时代趋势，农村集体经济组织所能够
提供的社区保障也逐渐减少。因此，农地的转出市场具有较大的发展空间。
由于目前农地流转市场建设存在较大的区域差异，而有效的农地流转市场平
台并未完善，农地流转市场信息不完全、信息不对称程度较大，需要依赖农
村集体经济组织以及相关政府部门进行引导，可以尝试提供财政补贴与有关
奖励提供农户转出农地的积极性，进而促进农地的有序流转。

（2）推动农村劳动力非农就业稳定性，促进农地流转的稳定发展。关于
农户分化对于农地租约期限的影响分析中，发现禀赋效应变量只是对农户选
择4~5年租约期限有显著影响。换言之，目前农地的生存保障功能已被大大
弱化，因而即便农户存在代际差异，但是这种代际差异在对于土地情感上的
差异已经不那么明显。在这样的现实情境下，农地对于大部分农户而言，不
再是极具人格化色彩的特殊财产。而且随着城乡统筹发展，尤其是随着中国
户籍制度改革的推行，农业户口可能被全面取消，那么农村集体经济组织的

性质也可能受到影响，农村的开放程度越大则传统农业社会的集体互惠可能也会弱化。这些都将进一步强化农地的财产功能。因而，最终将导致这样一个趋势的形成：传统农户对于农地的生存性依赖将转变为目前大部分农户对于土地的商业性依赖。商业性依赖下，农户更重视农地的增值空间，以及考虑进入农地流转市场的潜在经济收益。计量结果显示农户家庭的劳动力配置、收入结构以及人力资本会对农户农地租约的期限选择存在显著的影响。因此，要促进农地流转的长期性与稳定性，关键在于促进农村劳动力非农就业稳定性。需要在推动农户非农就业稳定性方面加强政策设计与贯彻落实，加强其就业服务与指导，不断提高其就业的稳定性，提高其人力资本，最终推动其市民化的实现。

（3）逐渐促进农地流转的契约化，弱化社会关系差序格局的影响。现实中，农户在农地流转中的决策特别容易受到社会关系嵌入的影响，借助于社会关系中的信誉机制维持农地流转交易。但是实证结果证明农地租约正式化（书面合约）将降低农户风险预期，对长期租约的形成有显著的正向影响。这意味着，随着乡土社会制度变迁，农户迁移活动的频繁，传统乡土差序格局所表征的关系信任也会逐渐弱化，而促进商业信任机制的形成。由此看来，农村的社会经济转型已经渗透到农地流转及其合约选择之中，从而使得农户缔约行为兼具有差序格局与商业交往的双重特性，而且农地流转契约化的发展将成为必然的趋势。但必须强调，在推进农地流转的过程中，我们不应该过多地责怪差序格局下的农地流转交易所带来的弊端，而一味强调农地流转的规范化、契约化。因为在相对封闭的村庄，或者基于农户短期流动所需，基于社会关系资本而形成的信任是控制合约最有效的机制，关系型合约能够降低缔约成本，并通过"声誉"机制保证合约的自我实现，有效减少监督与惩罚成本。因此，应当允许农户对农地流转缔约方式进行自主相机选择。从而也就意味着，诱导农地流转走向市场化、契约化与规范化，应该是一个渐进性的长期过程。

（4）促进农地流转的组织化程度，培育农地流转服务组织。研究结果表明，农地转出方式中，集体统一流转方式能够推动农地租约的正式化，而且能够促进相对长期的租约的形成。由此可见，在农地流转市场，由村集体或地方政府主导的土地集中流转，或者形成更完善的服务于农地流转的中介组织，对于农地流转市场的发育以及提高农地流转的稳定性、规范性是很有益的。因此，针对目前农地流转大部分是农户之间自发的、非正式化以及不稳定的，更应该培育农地流转中介服务组织，为农户农地流转提供服务，促进交易双方信息完全程度，进一步规范农地流转。

（5）基于普遍存在的农户之间的农地流转，特别是其关系合约所内含的缔约不规范、租约不稳定、非市场化及其导致的规模不经济等问题，已有文献大多倾向于加强农户与农业龙头企业的农地流转，以便改善农地租约的正式化与规范化，并推进规模经营。但本书的研究表明，不同的缔约对象会对农户租约的短期化行为倾向存在差异化影响：一方面，不同的流转对象有不同的经营目的及其生产投资行为；另一方面，农户对于不同的缔约对象的决策也隐含着不同的利益权衡。其中，农户对亲友邻居与龙头企业两大类对象的缔约短期化倾向尤为显著。值得关注的是，农户对生产大户（家庭农场）这类对象存在着较高的长期缔约概率。可见，培育和扶持生产大户与家庭农场等适度规模经营主体，隐含着重要的契约化意义。

10.3　讨论与展望

农地流转是农业经济领域一个很重要的热点话题，不少的学者基于不同的视角、不同的方法、不同的素材进行了探讨，甚至结合心理学科、社会学科、法律学科等进行了交叉学科的研究。因此，有关农地流转的研究可谓是硕果累累。而本书的主要贡献在于先从农地本身的性质及其福利保障，到农户分化及其农地依赖性，再到农地租约期限决定，一步一步地深入阐明农地租约期限是如何决定的，从不同的视角构建了理论分析框架，以尝试更全面地探索农地流转期限的决定机理。期限虽然仅仅是农地流转中的部分内容，但是对农地流转的效果有至关重要的影响，同时也与劳动力要素配置相关联。所以，租约期限是很重要的一个方面。本书的研究结论或许能够为当前乡村振兴战略背景下的农地流转市场培育提供一定的启发，但也存在一些不足之处，尚值得进一步讨论，并作为未来可供研究的方向选择。

（1）受限于数据可得性，在具体的变量设置时不能将所有可能的影响因素纳入分析模型中，有可能遗漏了一些信息。同时，受限于数据可得性，未能研究农户多期农地流转情景下的租约期限决策。但是本书也结合农户的下一期意愿期限选择,讨论了农地租约的"短期化"问题,尽可能地弥补其中的不足。

(2)本书只是针对农户作为转出农地的一方进行分析,对于交易的承租方缺乏深入分析。但是承租方可能涉及不同类型的主体,具有不同的谈判能力、租金承担能力与农业经营能力等,如果要进行全方位考虑,将导致整个研究问题变得复杂,并且实施起来要获取足够的数据具有很大的难度。在未来,条件允许的前提下,或许可以针对占主导地位的几类承租者进行分析,使得能够更贴近现实去分析农地流转交易的发生与合约执行情况。

(3)本书虽然基于农户多目标决策模型,从多个角度诠释农户农地转出租约期限选择,但是农户转出农地时的福利保障、风险预期、交易费用等维度之间的相互影响,还有待进一步讨论。另外,关于农地流转租约期限中的不定期问题仍有待深入挖掘。根据本书农户农地转出租约的样本统计,选择不定期转出农地的农户有225户,占比为36.64%,同时也有146户农户转入农地也是不定期的,占比更是高达44.79%。说明农地流转中的不定期现象也是值得关注的。不定期,究竟是长期,还是短期,学界尚未对其有权威的界定,但是普遍认为其可变性较强,是不太稳定的。因而,这是与农地流转的稳定性相悖的。虽然本书在此并未对这一问题展开进一步讨论,但是已经发现这一问题的重要性,并在相关研究中进行了更详细的讨论(Zou et al.,2018)。农户之间的期限明确与不明确表达了不同的行为学意义,尤其是期限的决策与合约形式应该存在着较强的相关性,可作为未来深入研究的问题之一。

现实问题与理论有效结合,并加上可靠数据的实证验证,必将更好地诠释现象背后的逻辑机理,为农村发展及有关政策制定提供有用的参考。而这些都有待进一步研究。

农户调查问卷（部分）*

问卷编号：＿＿＿＿＿＿＿＿

农户问卷调查表

调查员填写

1. 农户所在地：＿＿＿＿省＿＿＿＿市＿＿＿＿县＿＿＿＿镇＿＿＿＿村
2. 对问卷对象所在区域经济发展水平的判断

（1）该县（区）在本省内的水平处于

A. 很高　　B. 比较高　　C. 中游　　D. 相对低　　E. 很低

（2）该镇在本县内的水平处于

A. 很高　　B. 比较高　　C. 中游　　D. 相对低　　E. 很低

（3）该村在本镇内的水平处于

A. 很高　　B. 比较高　　C. 中游　　D. 相对低　　E. 很低

调研日期：＿＿＿＿年＿＿＿＿月＿＿＿＿日

A　被调查农户及其家庭基本信息

A1　农户个体基本信息（填入数字或在相应字母上划"○"）

1. 性别

A. 男　　B. 女

---

* 国家自然科学基金重点项目"农村土地与相关要素市场培育与改革研究"（71333004）。

2. 年龄_____周岁

3. 文化程度

A. 小学及以下　　　B. 初中　　　　C. 高中　　　D. 高中以上

4. 以前是否有打工经历

A. 是　　　　　　　B. 否

A2　家庭人口（填入数字）

1. 家庭人口总数（按户籍计）共有_____人。其中：（1）16 岁以下_____人；（2）70 岁以上_____人

2. 家庭劳动力总数（按户籍计）共有_____人。其中：

分项	合计	文化程度		>50 岁	女性
		初中及以下	高中及以上		
（1）在家纯粹务农的人数（人）					
（2）在家既务农还兼业的人数（人）					
（3）全职外出打工的人数（人）					

A3　家庭社会资源（选择相应字母或数字划"○"）

1. 家庭社会关系

（1）是否村里的大姓

A. 小姓　　　　　　B. 一般　　　　　　C. 大姓

（2）亲朋好友多不多

A. 很少　　　　　　B. 一般　　　　　　C. 较多

（3）私人借款是否来源于亲朋好友

A. 是　　　　　　　B. 否

（4）向亲戚借钱比较困难

A. 很不同意　　　　B. 不太同意　　　　C. 一般

D. 比较同意　　　　E. 非常同意

（5）向邻居借钱比较困难

A. 很不同意　　　　B. 不太同意　　　　C. 一般

D. 比较同意　　　　　E. 非常同意

2. 您家老人养老依靠（可多选）

A. 居民养老保险　　B. 商业养老保险　C. 子女赡养

D. 家里的积蓄　　　E. 出租收入

F. 政府救济　　　　G. 其他

3. 您家医疗保障依靠（可多选）

A. 新农合医保　　　B. 商业医疗保险　C. 子女出钱

D. 家里积蓄或借钱　E. 出租收入　　　F. 政府救助　　　G. 其他

A4　耕地资源（填入数字或在相应字母上划"〇"）

1. 您村所处的地形：

A. 山区　　　　　　B. 丘陵　　　　　C. 平原

2. 您村的交通条件

A. 很差　　　　　　B. 较差　　　　　C. 一般

D. 较好　　　　　　E. 很好

3. 您家离镇中心_____千米，平时坐班车去一趟需要花费（单程）____小时

4. 您家承包的耕地有_____亩，分为_____块

5. 您家承包的耕地近 5 年是否调整过

A. 没有调整　　　　B. 部分调整过　　C. 全部调整过

6. 您家所承包的耕地是否确权颁证

A. 没有　　　　　　B. 已确权　　　　C. 不清楚

7. 2014 年您家自己实际种植的耕地（含流转转入的）有_____亩；分为_____块

8. 您家所种的这些耕地的土壤肥力总体上来说

A. 很好　　　　　　B. 较好　　　　　C. 一般

D. 较差　　　　　　E. 很差

9. 您家所种的这些耕地的灌溉条件总体上来说

A. 很好　　　　　　B. 较好　　　　　C. 一般

D. 较差　　　　　　E. 很差

A5 家庭收入水平（填入数字或在相应字母上划"○"）

1. 2014 年您家的家庭总收入

A. 1 万元以下　　　B. 1 万~3 万元　　C. 3 万~5 万元

D. 5 万~10 万元　　E. 10 万元以上

2. 2014 年家庭收入中，农业占_____%；打工占_____%；经商办厂占_____%；出租占_____%；其他占_____%

3. 您家收入水平与上年相比

A. 提高很多　　　　B. 提高一些　　　　C. 差不多

D. 低一些　　　　　E. 低很多

B　耕地流转（填入数字或在相应字母上划"○"）

B1 转出意愿

1. 您家最希望把耕地转给谁

A. 亲戚　　　　　　B. 邻居　　　　　　C. 本村的普通农户

D. 本地的生产大户　E. 外来的普通农户

F. 外来的生产大户　G. 龙头企业

H. 农业合作社　　　I. 村集体

2. 希望签订什么样的合约

A. 不签订合约　　　B. 口头合约　　　　C. 书面合约

3. 希望耕地转出的年限

A. 3 年以内　　　　B. 4~5 年　　　　　C. 5 年以上　　　D. 不定期

4. 希望获得的最起码的租金或分红为（不分耕地类型，取平均水平。下同）：_____元/亩·年

5. 耕地转出后，如果对方在该地上挖沟、打井等，您家会在意吗？

A. 不在意　　　　　B. 一般　　　　　　C. 很在意

B2 转入意愿

1. 您家最愿意从谁手里转入耕地

A. 亲戚　　　　　　B. 邻居　　　　　　C. 一般农户

D. 生产专业大户　　　E. 龙头企业　　　F. 村集体或合作社

2. 希望签订什么样的合约

A. 不签订合约　　　B. 口头合约　　　C. 书面合约

3. 希望耕地转入的年限

A. 3 年以内　　　B. 4~5 年　　　C. 5 年以上　　　D. 不定期

4. 愿意支付的租金（平均）：＿＿＿＿＿元/亩·年

B3　实际转出耕地（是否有转出：A. 是，B. 否。回答"否"，直接转到 B4）

1. 您家已经转出的耕地有＿＿＿＿块，一共有＿＿＿＿＿亩

2. 您家已转出耕地土地质量为

A. 较好　　　B. 一般　　　C. 较差

3. 最大的地块以及多数的耕地给了谁

A. 亲戚　　　B. 邻居　　　C. 本村的普通农户

D. 本地的生产大户　　　E. 外来的普通农户

F. 外来的生产大户　　　G. 龙头企业

H. 农业合作社　　　I. 村集体

4. 转出耕地的方式

A. 集体统一　　　B. 双方协商　　　C. 两种情况都有

5. 签订了什么样的合约

A. 没有合约　　　B. 口头合约　　　C. 书面合约

6. 约定的转出年限是

A. 3 年以内　　　B. 4~5 年　　　C. 5 年以上　　　D. 不定期

7. 约定的租金或分红（平均）是：＿＿＿＿＿＿＿＿＿＿元/亩·年（实物折算为现金，如果没约定租金，填写"0"）

8. 您认为您所获得的租金（价格）

A. 很高　　　B. 比较高　　　C. 一般

D. 比较低　　　E. 很低

9. 当您家的耕地转出后发现别人的租金涨了，您会要求对方提高租金吗？

A. 会　　　B. 不会　　　C. 看情况

B4　实际转入耕地（是否有转入：A. 是　B. 否。回答"否"，直接转到 C）

1. 您家已经从别人手里转入的耕地共有：_____亩

2. 您家已转入耕地质量为

A. 较好　　　　　　B. 一般　　　　　　C. 较差

3. 您家已转入耕地与您家的地是

A. 都是连片的　　　B. 部分连片的

C. 较为分散的　　　D. 很分散的

4. 转入耕地主要来自

A. 亲戚　　　　　　B. 邻居　　　　　　C. 本村的普通农户

D. 本地的生产大户　E. 外来的普通农户

F. 外来的生产大户　G. 龙头企业

H. 农业合作社　　　I. 村集体

5. 转入耕地的方式是

A. 集体统一　　　　B. 双方协商　　　　C. 两种情况都有

6. 签订什么样的合约

A. 没有合约　　　　B. 口头合约　　　　C. 书面合约

7. 约定的转入年限

A. 3 年以内　　　B. 4～5 年　　　C. 5 年以上　　　D. 不定期

8. 约定要支付的租金（平均）为：_____元/亩·年（实物折算为现金，如果没约定租金，填写"0"）

C　农业生产与就业（填入数字或在相应字母上划"○"）

C1　农业生产

1. 2014 年您家是否生产粮食作物

A. 是　　　　　　　B. 否

2. 2014 年您家所生产粮食作物是否自家食用

A. 是　　　　　　　B. 否

3. 您家拥有的农业机械设备价值大约值＿＿＿＿元

C2　就业

1. 您家有几代人外出打工的经历
A. 没有　　　　　　　B. 一代人
C. 两代人　　　　　　D. 三代人及以上
2. 与打工所在地的居民相比，打工享受的各种福利待遇相差大吗
A. 没有外出打工人员　　　　　　B. 相差较小
C. 差不多　　　　　　　　　　　D. 相差很大

参 考 文 献

[1] A. 科林·梅伦，普拉温·K. 特里维迪. 用 Stata 学微观计量经济学 [M]. 肖光恩，杨洋，王保双，译. 重庆：重庆大学出版社，2015.

[2] A. 恰亚诺夫. 农民经济组织 [M]. 萧正洪，译. 北京：中央编译出版社，1996.

[3] 埃里克·布鲁索，让·米歇尔·格拉尚. 契约经济学 [M]. 王秋石，李国民，李胜兰，译. 北京：中国人民大学出版社，2011.

[4] 白雪娇. 当前农地出租趋势的实证分析 [J]. 华南农业大学学报（社会科学版），2015，14（3）：43－49.

[5] 包宗顺，徐志明，高珊，等. 农村土地流转的区域差异与影响因素——以江苏省为例 [J]. 中国农村经济，2009（4）：23－30.

[6] 卞琦娟，周曙东，葛继红. 发达地区农地流转影响因素分析——基于浙江省农户样本数据 [J]. 农业技术经济，2010（6）：28－36.

[7] 卞琦娟，周曙东，易小燕，等. 农户农地流转现状、特征及其区域差异分析——以浙江省为例 [J]. 资源科学，2011（2）：308－314.

[8] 曹博，赵芝俊. 地权结构、制度盈余与土地流转契约——来自于租佃制的解释 [J]. 干旱区资源与环境，2018（2）：8－14.

[9] 常伟. 农地大规模流转期限认知行为研究——基于安徽省 1010 个样本农户的实证分析 [J]. 农村经济，2015（2）：37－41.

[10] 陈柏峰. 从乡村社会变迁反观熟人社会的性质 [J]. 江海学刊，2014（4）：99－102.

[11] 陈国权，曹伟. 人情悖论：人情社会对经济转型的推动与钳制——基于温州模式的历史考察 [J]. 国家行政学院学报，2013（1）：15－19.

［12］陈浩，张京祥，陈宏胜．新型城镇化视角下中国"土地红利"开发模式转型［J］．经济地理，2015，35（4）：1－8.

［13］陈俊，沈月琴，周隽，等．农户人力资本对林地流入行为的影响［J］．浙江农林大学学报，2018，35（6）：1139－1145.

［14］陈楠，杜磊．以家庭农场为载体的农民创业环境评价［J］．西北农林科技大学学报（社会科学版），2018，18（1）：50－57.

［15］陈曦，边恕，范璐璐，等．城乡社会保障差距、人力资本投资与经济增长［J］．人口与经济，2018（4）：77－85.

［16］陈昭玖，胡雯．农地确权、交易装置与农户生产环节外包——基于"斯密－杨格"定理的分工演化逻辑［J］．农业经济问题，2016（8）：16－24.

［17］程令国，张晔，刘志彪．农地确权促进了中国农村土地的流转吗？［J］．管理世界，2016（1）：88－98.

［18］崔治文，白家瑛，张晓甜．农村最低生活保障制度实施的公平性研究——基于对甘肃省326户农民家庭调研数据的分析［J］．西北人口，2016（4）：118－126.

［19］丁琳琳，吴群．财产权制度、资源禀赋与农民土地财产性收入——基于江苏省1744份农户问卷调查的实证研究［J］．云南财经大学学报，2015（3）：80－88.

［20］杜云晗，黄涛．农地经营权流转市场的治理：一个整体性的制度分析［J］．农村经济，2018（2）：34－38.

［21］恩格斯．家庭、私有制和国家的起源［M］．中共中央马恩列斯著作编译局，译．北京：人民出版社，2003.

［22］斐迪南·滕尼斯．共同体与社会［M］．林荣远，译．北京：商务印书馆，1999.

［23］费孝通．乡土中国［M］．上海：上海人民出版社，2006.

［24］封铁英，熊建铭．新型农村社会养老保险政策评估——基于土地流转制度背景下的研究［J］．公共管理学报，2012（1）：33－43.

［25］高帆．中国乡村振兴战略视域下的农民分化及其引申含义［J］．复旦学报（社会科学版），2018（5）：149－158.

［26］高名姿，陈东平．契约视角下的农地流转供需不匹配——直接识别与

经验分析 [J]. 经济与管理研究, 2018, 39 (8): 72 – 81.

[27] 郜亮亮, 黄季焜, Rozelle Scott, 等. 中国农地流转市场的发展及其对农户投资的影响 [J]. 经济学 (季刊), 2011 (4): 1499 – 1514.

[28] 郜亮亮. 中国农地流转发展及特点: 1996 ~ 2008 年 [J]. 农村经济, 2014 (4): 51 – 54.

[29] 郜亮亮. 中国农地流转市场的现状及完善建议 [J]. 中州学刊, 2018 (2): 46 – 52.

[30] 葛庆敏, 许明月. 农村社会保障体系建设中的政府角色及其实现的法制保障 [J]. 现代法学, 2011 (6): 76 – 89.

[31] 苟兴朝. 农地经营权流转期限博弈分析 [J]. 长白学刊, 2019 (1): 97 – 103.

[32] 郭熙保, 苏桂榕. 我国农地流转制度的演变、存在问题与改革的新思路 [J]. 江西财经大学学报, 2016 (1): 78 – 89.

[33] 韩芳. 农村土地养老保障功能研究 [M]. 北京: 知识产权出版社, 2010.

[34] 韩松. 农民集体土地所有权的权能 [J]. 法学研究, 2014 (6): 63 – 79.

[35] 何欣, 蒋涛, 郭良燕, 等. 中国农地流转市场的发展与农户流转农地行为研究——基于 2013 ~ 2015 年 29 省的农户调查数据 [J]. 管理世界, 2016 (6): 79 – 89.

[36] 洪炜杰, 胡新艳. 非正式、短期化农地流转契约与自我执行——基于关联博弈强度的分析 [J]. 农业技术经济, 2018 (11): 4 – 19.

[37] 洪炜杰, 罗必良. 地权稳定能激励农户对农地的长期投资吗 [J]. 学术研究, 2018 (9): 78 – 86.

[38] 洪炜杰, 王梦婷, 胡新艳. 农地确权、土地调整对农地转出要价的作用机制 [J]. 农林经济管理学报, 2018, 17 (3): 319 – 326.

[39] 侯旭东. 渔采狩猎与秦汉北方民众生计——兼论以农立国传统的形成与农民的普遍化 [J]. 历史研究, 2010 (5): 4 – 26.

[40] 胡凤霞, 叶仁荪. 农民工与城镇职工的工资差距及其趋同——基于CHIP 数据的实证分析 [J]. 人口与经济, 2019 (1): 31 – 41.

[41] 胡平江. 地域相近: 村民自治有效实现形式的空间基础 [J]. 华中师范

大学学报（人文社会科学版），2014（4）：17 – 22.

[42] 胡新艳，洪炜杰. 劳动力转移与农地流转：孰因孰果？[J]. 华中农业大学学报（社会科学版），2019（1）：137 – 145.

[43] 胡新艳，杨晓莹. 农地流转中的禀赋效应及代际差异 [J]. 华南农业大学学报（社会科学版），2017（1）：12 – 23.

[44] 黄枫，孙世龙. 让市场配置农地资源：劳动力转移与农地使用权市场发育 [J]. 管理世界，2015（7）：71 – 81.

[45] 黄佩红，李琴，李大胜. 新一轮确权能促进农地流转吗？[J]. 经济经纬，2018（4）：44 – 49.

[46] 黄鹏进. 中国传统农村土地产权性质的三重认知及其贯通理解 [J]. 南京农业大学学报（社会科学版），2014（6）：80 – 88.

[47] 冀县卿，钱忠好，葛轶凡. 交易费用、农地流转与新一轮农地制度改革——基于苏、桂、鄂、黑四省区农户调查数据的分析 [J]. 江海学刊，2015（2）：83 – 89.

[48] 冀县卿，钱忠好，葛轶凡. 如何发挥农业补贴促进农户参与农地流转的靶向作用——基于江苏、广西、湖北、黑龙江的调查数据 [J]. 农业经济问题，2015（5）：48 – 55.

[49] 冀县卿，钱忠好. 如何有针对性地促进农地经营权流转？——基于苏、桂、鄂、黑四省（区）99 村、896 户农户调查数据的实证分析 [J]. 管理世界，2018（3）：87 – 97.

[50] 江淑斌，李帆. 农地流转交易媒介的使用及选择 [J]. 经济经纬，2018（6）：30 – 35.

[51] 江淑斌，苏群. 农地流转"租金分层"现象及其根源 [J]. 农业经济问题，2013（4）：42 – 48.

[52] 姜艳艳. 我国农地流转滞后于劳动力转移的根本原因及改革建议 [J]. 改革与战略，2018，34（3）：67 – 69.

[53] 卡尔·波兰尼. 大转型：我们时代的政治与经济起源 [M]. 冯钢，刘阳，译. 杭州：浙江人民出版社，2010.

[54] 黎翠梅，柯炼. 农户分化与农地经营权资本化选择 [J]. 华南农业大学学报（社会科学版），2018（3）：10 – 19.

[55] 李承桧，杨朝现，陈兰，等. 基于农户收益风险视角的土地流转期限

影响因素实证分析 [J]. 中国人口·资源与环境，2015（S1）：66 - 70.

[56] 李光荣. 土地市场蓝皮书：中国农村土地市场发展报告（2015～2016）[M]. 北京：社会科学文献出版社，2016.

[57] 李静. 农地确权、资源禀赋约束与农地流转 [J]. 中国地质大学学报（社会科学版），2018（3）：158 - 167.

[58] 李宪宝，高强. 行为逻辑、分化结果与发展前景——对1978年以来我国农户分化行为的考察 [J]. 农业经济问题，2013（2）：56 - 65.

[59] 李星光，刘军弟，霍学喜. 农地流转中的正式、非正式契约选择——基于苹果种植户的实证分析 [J]. 干旱区资源与环境，2018（1）：8 - 13.

[60] 李永萍. "养儿防老"还是"以地养老"：传统家庭养老模式分析 [J]. 华南农业大学学报（社会科学版），2015（2）：103 - 112.

[61] 廖洪乐. 农户兼业及其对农地承包经营权流转的影响 [J]. 管理世界，2012（5）：62 - 70.

[62] 林文声，罗必良. 农地流转中的非市场行为 [J]. 农村经济，2015（3）：27 - 31.

[63] 林文声，秦明，苏毅清，等. 新一轮农地确权何以影响农地流转？——来自中国健康与养老追踪调查的证据 [J]. 中国农村经济，2017（7）：29 - 43.

[64] 刘丽，吕杰. 土地流转契约选择及其稳定性 [J]. 山东社会科学，2017（11）：153 - 158.

[65] 刘瑞峰，梁飞，王文超，等. 农村土地流转差序格局形成及政策调整方向——基于合约特征和属性的联合考察 [J]. 农业技术经济，2018（4）：27 - 43.

[66] 刘涛，曲福田，金晶，等. 土地细碎化、土地流转对农户土地利用效率的影响 [J]. 资源科学，2008（10）：1511 - 1516.

[67] 刘同山，牛立腾. 农户分化、土地退出意愿与农民的选择偏好 [J]. 中国人口·资源与环境，2014（6）：114 - 120.

[68] 刘伟. 论村落自主性的形成机制与演变逻辑 [J]. 复旦学报（社会科学版），2009（3）：133 - 140.

[69] 刘文勇, 张悦. 农地流转中农户租约期限短期倾向的研究: 悖论与解释 [J]. 农村经济, 2013 (1): 22 - 25.

[70] 刘莹, 黄季焜, 王金霞. 水价政策对灌溉用水及种植收入的影响 [J]. 经济学 (季刊), 2015 (4): 1375 - 1392.

[71] 刘莹, 黄季焜. 农户多目标种植决策模型与目标权重的估计 [J]. 经济研究, 2010 (1): 148 - 157.

[72] 刘玉成, 徐辉. 个体特征对农民就业选择的影响——基于 CFPS 数据的实证研究 [J]. 调研世界, 2018 (11): 41 - 45.

[73] 刘玥汐, 许恒周. 农地确权对农村土地流转的影响研究——基于农民分化的视角 [J]. 干旱区资源与环境, 2016 (5): 25 - 29.

[74] 罗必良. 合约短期化与空合约假说——基于农地租约的经验证据 [J]. 财经问题研究, 2017 (1): 10 - 21.

[75] 罗必良. 农地保障和退出条件下的制度变革: 福利功能让渡财产功能 [J]. 改革, 2013 (1): 66 - 75.

[76] 罗必良. 农地流转的市场逻辑——"产权强度 - 禀赋效应 - 交易装置"的分析线索及案例研究 [J]. 南方经济, 2014 (5): 1 - 24.

[77] 罗必良. 农地确权、交易含义与农业经营方式转型——科斯定理拓展与案例研究 [J]. 中国农村经济, 2016 (11): 2 - 16.

[78] 罗必良, 江雪萍, 李尚蒲, 等. 农地流转会导致种植结构"非粮化"吗? [J]. 江海学刊, 2018 (2): 94 - 101.

[79] 罗必良, 李尚蒲. 农地流转的交易费用: 威廉姆森分析范式及广东的证据 [J]. 农业经济问题, 2010 (12): 30 - 40.

[80] 罗必良, 林文声, 邱泽元. 农地租约以及对象选择: 来自农户问卷的证据 [J]. 农业技术经济, 2015 (9): 4 - 16.

[81] 罗必良, 刘茜. 农地流转纠纷: 基于合约视角的分析——来自广东省的农户问卷 [J]. 广东社会科学, 2013 (1): 35 - 44.

[82] 罗必良, 郑燕丽. 农户的行为能力与农地流转——基于广东农户问卷的实证分析 [J]. 学术研究, 2012 (7): 64 - 70.

[83] 马贤磊, 仇童伟, 钱忠好. 农地产权安全性与农地流转市场的农户参与——基于江苏、湖北、广西、黑龙江四省 (区) 调查数据的实证分析 [J]. 中国农村经济, 2015 (2): 22 - 37.

[84] 马贤磊, 沈怡, 仇童伟, 等. 自我剥削、禀赋效应与农地流转潜在市场发育——兼论经济欠发达地区小农户生产方式转型 [J]. 中国人口·资源与环境, 2017 (1): 40 –47.

[85] 马智远. 人类早期土地制度与社会关系变化浅析 [J]. 中国国土资源经济, 2012 (6): 26 –28.

[86] 毛飞, 孔祥智. 农地规模化流转的制约因素分析 [J]. 农业技术经济, 2012 (4): 52 –64.

[87] 孟雪, 李宾. 多目标决策分析模型及应用研究 [J]. 现代管理科学, 2013 (7): 42 –44.

[88] 糜晶. 乡村治理水平与国家政策执行——基于农地流转政策的实证分析 [J]. 江汉论坛, 2018 (8): 25 –30.

[89] 聂建亮. 保障依赖、养老阶段与农村老人转出农地意愿——基于对湖北省农村老人的问卷调查 [J]. 南京农业大学学报 (社会科学版), 2018 (1): 41 –53.

[90] 聂建亮, 钟涨宝. 保障功能替代与农民对农地转出的响应 [J]. 中国人口·资源与环境, 2015 (1): 103 –111.

[91] 聂建亮, 钟涨宝. 农户分化程度对农地流转行为及规模的影响 [J]. 资源科学, 2014 (4): 749 –757.

[92] 农村土地承包经营权流转管理办法——2005 年 1 月 7 日经农业部第二次常务会议审议通过, 自 2005 年 3 月 1 日起施行 [J]. 农业科技与信息, 2005 (5): 4 –5.

[93] 钱龙, 洪名勇. 为何选择口头式、短期类和无偿型的农地流转契约——转出户控制权偏好视角下的实证分析 [J]. 财贸研究, 2018 (12): 48 –59.

[94] 钱龙, 袁航, 刘景景, 等. 农地流转影响粮食种植结构分析 [J]. 农业技术经济, 2018 (8): 63 –74.

[95] 邱国良, 郑佩. 论农地流转市场中的不确定性 [J]. 长白学刊, 2019 (1): 104 –109.

[96] 史清华, 贾生华. 农户家庭农地要素流动趋势及其根源比较 [J]. 管理世界, 2002 (1): 71 –77.

[97] 宋洪远. 经济体制与农户行为——一个理论分析框架及其对中国农户

问题的应用研究 [J]. 经济研究, 1994 (8): 22 - 28.

[98] 宋士云. 中国农村社会保障制度结构与变迁 (1949—2002) [M]. 北京: 人民出版社, 2006.

[99] 苏群, 汪霏菲, 陈杰. 农户分化与土地流转行为 [J]. 资源科学, 2016 (3): 377 - 386.

[100] 孙小龙, 郜亮亮, 郭沛. 村级产权干预对农户农地转出行为的影响——基于鲁豫湘川四省的调查 [J]. 农业经济问题, 2018 (4): 82 - 90.

[101] 孙云奋. 劳动力转移与农地流转的关联度: 鲁省个案 [J]. 改革, 2012 (9): 84 - 88.

[102] 田传浩, 方丽. 土地调整与农地租赁市场: 基于数量和质量的双重视角 [J]. 经济研究, 2013 (2): 110 - 121.

[103] 王佳月, 李秀彬, 辛良杰. 中国土地流转的时空演变特征及影响因素研究 [J]. 自然资源学报, 2018 (12): 2067 - 2083.

[104] 王家庭, 舒居安, 赵一帆. 中国农村土地流转政策概念、分类及演进特征——基于政策文本的量化分析 [J]. 经济问题, 2017 (10): 96 - 101.

[105] 王杰, 句芳. 内蒙古农村牧区农牧户土地流转影响因素研究——基于11 个地区 1332 个农牧户的调查 [J]. 干旱区资源与环境, 2015 (6): 74 - 79.

[106] 王劲屹. 农地流转运行机制、绩效与逻辑研究——一个新的理论分析框架 [J]. 公共管理学报, 2019 (1): 138 - 152.

[107] 王静. 不确定性、社会保障对农村居民消费的影响研究 [J]. 农村经济, 2018 (7): 83 - 88.

[108] 王丽双, 王春平, 孙占祥. 农户分化对农地承包经营权退出意愿的影响研究 [J]. 中国土地科学, 2015 (9): 27 - 33.

[109] 王利平, 王成, 李晓庆. 基于生计资产量化的农户分化研究——以重庆市沙坪坝区白林村 471 户农户为例 [J]. 地理研究, 2012 (5): 945 - 954.

[110] 王珊, 洪名勇, 吴昭洋, 等. 不同农地经营权流转方式的空间依赖性分析 [J]. 中国土地科学, 2018 (8): 44 - 51.

[111] 王兴稳, 钟甫宁. 土地细碎化与农用地流转市场 [J]. 中国农村观察, 2008 (4): 29 - 34.

[112] 王一清，匡远配．农地流转如何影响农户生计：基于双 IS 框架 [J]．江苏农业科学，2018，46（23）：427 – 431.

[113] 温铁军．土地的"社会保障功能"与相关制度安排 [M]．北京：社会科学文献出版社，2002.

[114] 文长存，崔琦，吴敬学．农户分化、农地流转与规模化经营 [J]．农村经济，2017（2）：32 – 37.

[115] 翁贞林，高雪萍，檀竹平．农户禀赋、区域环境与粮农兼业化——基于 9 省份 1647 个粮食种植户的问卷调研 [J]．农业技术经济，2017（2）：61 – 71.

[116] 吴文斌，杨鹏，李正国，等．农作物空间格局变化研究进展评述 [J]．中国农业资源与区划，2014（1）：12 – 20.

[117] 吴一恒，徐砾，马贤磊．农地"三权分置"制度实施潜在风险与完善措施——基于产权配置与产权公共域视角 [J]．中国农村经济，2018（8）：46 – 63.

[118] 谢玲红，夏英，吕开宇．基于多项 Logistic 模型的农户耕地流转行为影响因素研究——来自 8 省（区）252 村 4261 户农户的调查数据 [J]．江苏农业科学，2018（21）：332 – 337.

[119] 徐俊丽，翁贞林．交易费用、农户行为与土地规模经营研究进展与述评 [J]．江西农业学报，2018，30（8）：115 – 119.

[120] 徐勇．浸润在家族传统文化中的村民自治——湖南省秀村调查 [J]．社会科学，1997（10）：48 – 51.

[121] 徐珍源，孔祥智．转出土地流转期限影响因素实证分析——基于转出农户收益与风险视角 [J]．农业技术经济，2010（7）：30 – 40.

[122] 许恒周，郭忠兴．农村土地流转影响因素的理论与实证研究——基于农民阶层分化与产权偏好的视角 [J]．中国人口·资源与环境，2011（3）：94 – 98.

[123] 许庆，陆钰凤．非农就业、土地的社会保障功能与农地流转 [J]．中国人口科学，2018（5）：30 – 41.

[124] 杨忍，徐茜，张琳，等．珠三角外围地区农村回流劳动力的就业选择及影响因素 [J]．地理研究，2018，37（11）：2305 – 2317.

[125] 杨瑞龙，聂辉华．不完全契约理论：一个综述 [J]．经济研究，2006

(2)：104－115.
[126] 杨婷，靳小怡．资源禀赋、社会保障对农民工土地处置意愿的影响——基于理性选择视角的分析［J］．中国农村观察，2015（4）：16－25.
[127] 杨昕．土地制度变迁过程中的农村社会保障问题研究［M］．上海：上海社会科学院出版社，2016.
[128] 姚洋．农地制度与农业绩效的实证研究［J］．中国农村观察，1998（6)：3－12.
[129] 叶剑平，丰雷，蒋妍，等．2008年中国农村土地使用权调查研究——17省份调查结果及政策建议［J］．管理世界，2010（1）：64－73.
[130] 叶剑平，丰雷，蒋妍，等．2016年中国农村土地使用权调查研究——17省份调查结果及政策建议［J］．管理世界，2018，34（3）：98－108.
[131] 叶剑平，蒋妍，丰雷．中国农村土地流转市场的调查研究——基于2005年17省调查的分析和建议［J］．中国农村观察，2006（4）：48－55.
[132] 叶剑平，郎昱，梁迪．农村土地确权、流转及征收补偿的相关问题——基于对十七省农村的调研［J］．中国土地，2017（1）：29－30.
[133] 叶剑平，田晨光．中国农村土地权利状况：合约结构、制度变迁与政策优化——基于中国17省1956位农民的调查数据分析［J］．华中师范大学学报（人文社会科学版），2013（1）：38－46.
[134] 易福金，顾熀乾．歧视性新农合报销比例对农村劳动力流动的影响［J］．中国农村观察，2015（3）：2－15.
[135] 因内思·马可－达得勒，J．大卫·佩雷斯－卡斯特里罗．信息经济学引论：激励与合约［M］．管毅平，译．上海：上海财经大学出版社，2004.
[136] 张丁，万蕾．农户土地承包经营权流转的影响因素分析——基于2004年的15省（区）调查［J］．中国农村经济，2007（2）：24－34.
[137] 张康洁，李福夺，傅汇艺，等．农户玉米种植多目标决策行为研究——基于一阶条件校准估计和抽样农户数据的实证分析［J］．玉米科学，2017：1－10.
[138] 张林国．开放时期韩国农业支持政策研究［D］．长春：吉林大学，2017.
[139] 张明辉，蔡银莺．功能区定位约束下农户参与农地流转决策的关键因

素——以湖北省武汉、孝感的 832 个农户为例 [J]. 地域研究与开发，2017 (6)：119 – 125.

[140] 张明辉，蔡银莺，朱兰兰. 农户参与农地流转行为影响因素及经济效应分析 [J]. 长江流域资源与环境，2016 (3)：387 – 394.

[141] 张培勇，马洁华，丁珊. 新时代语境下的我国农村社会保障研究 [M]. 北京：中国水利水电出版社，2014.

[142] 张沁岚，陈文浩，罗必良. 农地转入、细碎化改善与农业经营行为转变——基于全国九省农户问卷的 PSM 实证研究 [J]. 农村经济，2017 (6)：1 – 10.

[143] 张维迎. 博弈与社会 [M]. 北京：北京大学出版社，2013.

[144] 张五常. 佃农理论——应用于亚洲的农业和台湾的土地改革 [M]. 北京：商务印书馆，2000.

[145] 张占力. 试述农村家庭保障的历史变迁及其道路选择 [J]. 社会保障研究，2010 (5)：82 – 86.

[146] 张璋，周海川. 非农就业、保险选择与土地流转 [J]. 中国土地科学，2017，31 (10)：42 – 52.

[147] 张照新. 中国农村土地流转市场发展及其方式 [J]. 中国农村经济，2002 (2)：19 – 24.

[148] 张忠明，钱文荣. 不同兼业程度下的农户土地流转意愿研究——基于浙江的调查与实证 [J]. 农业经济问题，2014 (3)：19 – 24.

[149] 张梓榆，王定祥. 农户经营特征分化与农地经营权流转 [J]. 现代经济探讨，2018 (1)：114 – 123.

[150] 赵金龙，王丽萍. 改革开放以来我国农地产权政策演变及未来展望 [J]. 经济纵横，2018 (5)：89 – 96.

[151] 赵磊. 商事信用：商法的内在逻辑与体系化根本 [J]. 中国法学，2018 (5)：160 – 180.

[152] 赵修研，谭艳美，樊鹏飞，等. 农地流转市场发育的微观机制——来自中国家庭追踪调查的证据 [J]. 地域研究与开发，2018 (4)：168 – 173.

[153] 钟文晶. 禀赋效应、认知幻觉与交易费用——来自广东省农地经营权流转的农户问卷 [J]. 南方经济，2013 (3)：13 – 22.

[154] 钟文晶，罗必良. 禀赋效应、产权强度与农地流转抑制——基于广东

省的实证分析 [J]. 农业经济问题, 2013 (3): 6-16.

[155] 钟文晶, 罗必良. 契约期限是怎样确定的? ——基于资产专用性维度的实证分析 [J]. 中国农村观察, 2014 (4): 42-51.

[156] 钟涨宝, 陈小伍, 王绪朗. 有限理性与农地流转过程中的农户行为选择 [J]. 华中科技大学学报 (社会科学版), 2007 (6): 113-118.

[157] 钟涨宝, 寇永丽, 韦宏耀. 劳动力配置与保障替代: 兼业农户的农地转出意愿研究——基于五省微观数据的实证分析 [J]. 南京农业大学学报 (社会科学版), 2016 (2): 84-92.

[158] 钟涨宝, 汪萍. 农地流转过程中的农户行为分析——湖北、浙江等地的农户问卷调查 [J]. 中国农村观察, 2003 (6): 55-64.

[159] 周娟. 基于农户家庭决策的土地流转与适度规模经营的微观机制分析 [J]. 南京农业大学学报 (社会科学版), 2018 (5): 88-97.

[160] 朱兰兰, 蔡银莺. 农户家庭生计禀赋对农地流转的影响——以湖北省不同类型功能区为例 [J]. 自然资源学报, 2016 (9): 1526-1539.

[161] 朱文珏, 谢琳, 邱泽元, 等. 农地租约中的期限与租金及其相互关联性——理论分析与实证检验 [J]. 南方经济, 2016 (10): 23-37.

[162] 庄晋财, 卢文秀, 李丹. 前景理论视角下兼业农户的土地流转行为决策研究 [J]. 华中农业大学学报 (社会科学版), 2018 (2): 136-144.

[163] 邹宝玲, 仇童伟, 罗必良, 等. 农地福利保障如何影响与农户农地转出出租行为——基于全国 9 省份 2704 户农户调查的经验分析 [J]. 上海财经大学学报, 2017 (3): 6-22.

[164] 邹宝玲, 罗必良. 农地流转的差序格局及其决定——基于农地转出契约特征的考察 [J]. 财经问题研究, 2016 (11): 97-105.

[165] 邹宝玲, 罗必良, 钟文晶. 农地流转的契约期限选择——威廉姆森分析范式及其实证 [J]. 农业经济问题, 2016 (2): 25-32.

[166] 邹宝玲, 钟文晶, 张沁岚. 风险规避与农地租约期限选择——基于广东省农户问卷的实证分析 [J]. 南方经济, 2016 (10): 12-22.

[167] 邹伟, 王子坤, 徐博, 等. 农户分化对农村宅基地退出行为影响研究——基于江苏省 1456 个农户的调查 [J]. 中国土地科学, 2017 (5): 31-37.

[168] Arriaza M, Limón J A G, Upton M. Local water markets for irrigation in

southern Spain: a multicriteria approach [J]. Australian Journal of Agricultural and Resource Economics, 2002, 46 (1): 21 – 43.

[169] Arrow K J. Essays in the Theory of Risk-Bearing [M]. London: North-Holland Publishing Company, 1971.

[170] Arrow K J. The Economics of Agency, in Principals and Agents: The Structure of Business [M]. Harvard Business School Press, 1985.

[171] Arrow K J. The organization of economic activity: issues pertinent to the choice of market versus nonmarket allocation [J]. The Analysis and Evaluation of Public Expenditure: The PPB System, 1969 (1): 59 – 73.

[172] Asteriou D, Hall S G. Applied Econometrics [M]. New York: Palgrave Macmillan, 2011.

[173] Beattie R. Social protection for all: but how? [J]. International Labour Review, 2000, 139 (2): 129 – 148.

[174] Bergemann D, Hege U. Venture capital financing, moral hazard, and learning [J]. Journal of Banking & Finance, 1998, 22 (6 – 8): 703 – 735.

[175] Bogaerts T, Williamson I P, Fendel E M. The role of land administration in the accession of Central European countries to the European Union [J]. Land Use Policy, 2002, 19 (1): 29 – 46.

[176] Bolton P, Dewatripont M. Contract Theory [M]. Cambridge: The MIT Press, 2005.

[177] Bradach J L, Eccles R G. Price, authority, and trust: from ideal types to plural forms [J]. Annual Review of Sociology, 1989, 15: 97 – 118.

[178] Che Y. Off-farm employments and land rental behavior: evidence from rural China [J]. China Agricultural Economic Review, 2016, 8 (1): 37 – 54.

[179] Cheung S N S. The structure of a contract and the theory of a non-exclusive resource [J]. Journal of Law and Economics, 1970, 13 (1): 49 – 70.

[180] Cheung S N S. Transaction costs, risk aversion, and the choice of contractual arrangements [J]. Journal of Law and Economics, 1969, 12 (1): 23 – 42.

[181] Coase R H. The Nature of the Firm [J]. Economica, 1937, 4 (16): 386 – 405.

[182] Cook S. Who gets what jobs in China's countryside? a multinomial logit analysis [J]. Oxford Development Studies, 1998, 26 (2): 171 –190.

[183] Crawford V P. Long-term relationships governed by short-term contracts [J]. American Economic Review, 1999, 78 (3): 485 –499.

[184] Crocker K J, Masten S E. Mitigating contractual hazards: unilateral options and contract length [J]. Rand Journal of Economics, 1988 (19): 327 –343.

[185] Deininger K, Feder G. Land registration, governance, and development: evidence and implications for policy [J]. The World Bank Research Observer, 2009, 24 (2): 233 –266.

[186] Deininger K, Xia F. Assessing the long-term performance of large-scale land transfers: challenges and opportunities in Malawi's estate sector [J]. World Development, 2018, 104: 281 –296.

[187] Dieninger K, Feder G. Land institution and land markets [R]. World Bank Policy Research Working Paper, 1998.

[188] Duke J M, Marišová E, Bandlerová A, et al. Price repression in the Slovak agricultural land market [J]. Land Use Policy, 2004, 21 (1): 59 –69.

[189] Feder G, Nishio A. The benefits of land registration and titling: economic and social perspectives [J]. Land Use Policy, 1998, 15 (1): 25 –43.

[190] Felson M. Rural Settlement and Land Use [M]. Routledge, 2017.

[191] Futemmal C, Brondízio E S. Land reform and land-use changes in the lower Amazon: implications for agricultural intensification [J]. Human Ecology, 2003, 31 (3): 369 –402.

[192] Galán-Martín Á, Pozo C, Guillén-Gosálbez G, et al. Multi-stage linear programming model for optimizing cropping plan decisions under the new common agricultural policy [J]. Land Use Policy, 2015 (48): 515 –524.

[193] Galán-Martín Á, Vaskan P, Antón A, et al. Multi-objective optimization of rainfed and irrigated agricultural areas considering production and environmental criteria: a case study of wheat production in Spain [J]. Journal

of Cleaner Production, 2017, 140 (2): 816 –830.

[194] Gao L, Huang J, Scott R, et al. The development of China's agricultural land transfer market and its impact on farmers' investment [J]. China Economic Quarterly, 2011, 37 –41 (4) .

[195] Gentle P, Maraseni T N. Climate change, poverty and livelihoods: adaptation practices by rural mountain communities in Nepal [J]. Environmental Science & Policy, 2012, 21: 24 –34.

[196] Goodwin B K, Mishra A K, Ortalo-Magné F. The buck stops where? the distribution of agricultural subsidies [R]. National Bureau of Economic Research: National Bureau of Economic Research, 2011.

[197] Granovetter M. The strength of weaks ties [J]. American Journal of Sociology, 1973, 78 (1): 1360 –1380.

[198] Groeneveld J, Müller B, Buchmann C M, et al. Theoretical foundations of human decision-making in agent-based land use models—a review [J]. Environmental Modelling & Software, 2017, 87: 39 –48.

[199] Grossman G, Hart O. The costs and benefits of ownership: a theory of vertical and lateral integration [J]. Journal of Political Economy, 1986, 94: 691 –719.

[200] Grout P. Investment and wages in the absence of binding contracts: a Nash bargaining approach [J]. Econometrica, 1984, 52 (2): 449 –460.

[201] Guo B, Huang J, Sherraden M, et al. Dual incentives and dual asset building: policy implications of the Hutubi rural social security loan programme in China [J]. Journal of Social Policy, 2008, 37 (3): 453 –470.

[202] Guriev S, Kvasov D. Contracting on time [J]. American Economic Review, 2005, 95 (5): 1369 –1385.

[203] Hackmann M B, Kolstad J T, Kowalski A E. Adverse selection and an individual mandate: when theory meets practice [J]. American Economic Association Quarterly, 2015 (3): 1030 –1088.

[204] Han H, Li H. The distribution of residual controls and risk sharing: a case study of farmland transfer in China [J]. Sustainability, 2018, 10 (6): 2041.

[205] Harper W M, Eastman C. An evaluation of goal hierarchies for small farm operators [J]. American Journal of Agricultural Economics, 1980, 62 (4): 742 −747.

[206] Hart O, Moore J. Contracts as reference points [J]. Quarterly Journal of Economics, 2008, 123 (1): 1 −48.

[207] Hart O, Moore J. Property rights and nature of the firm [J]. Journal of Political Economy, 1990, 98 (6): 1119 −1158.

[208] Holden S, Deininger K, Ghebru H. Impact of land certification on land rental market participation in Tigray region, Northern Ethiopia [R]. MPRA Paper No. 5211, Norwegian University of Life Sciences, 2007.

[209] Holden S T, Deininger K, Ghebru H. Tenure insecurity, gender, low-cost land certification, and land rental market participation [J]. Journal of Development Studies, 2011, 47 (1): 31 −47.

[210] Holden S T, Ghebru H. Land rental market legal restrictions in Northern Ethiopia [J]. Land Use Policy, 2016, 55: 212 −221.

[211] Ilo. Social security: A new consensus [C]. Geneva, 2001.

[212] Iossa E, Rey P. Building reputation for contract renewal: implications for performance dynamics and contract duration [J]. Journal of the European Economic Association, 2014, 12 (3): 549 −574.

[213] Jacoby H, Decrg, Minten B. Land Titles, investment, and agricultural productivity in madagascar: a poverty and social impact analysis [J]. World Bank Other Operational Studies, 2006 (4): 1 −55.

[214] Jin S, Deininger K. Land rental markets in the process of rural structural transformation: productivity and equity impacts from China [J]. Journal of Comparative Economics, 2009, 37 (4): 629 −646.

[215] Kahneman D, Tversky A. Prospect theory: an analysis of decision under risk [J]. Econometrica, 1979 (47): 263 −291.

[216] Klein B, Crawford R G, Alchian A A. Vertical integration, appropriable rents, and the competitive contracting process [J]. Journal of Law and Economics, 1978 (21): 297 −326.

[217] Krueger D, Mitman K, Perri F. Macroeconomics and Household Heteroge-

neity [M] //Handbook of Macroeconomics. Elsevier, 2016: 843 – 921.

[218] Lence S H, Mishra A K. The impacts of different farm programs on cash rents [J]. American Journal of Agricultural Economics, 2003, 85 (3): 753 – 761.

[219] Li J, Rodriguez D, Tang X. Effects of land lease policy on changes in land use, mechanization and agricultural pollution [J]. Land Use Policy, 2017, 64: 405 – 413.

[220] Liu H, Han X, Xiao Q, et al. Family structure and quality of life of elders in rural China: the role of the new rural social pension [J]. Journal of Aging & Social Policy, 2015, 27 (2): 123 – 138.

[221] Marshall A. Principles of Economics: Unabridged [M]. 8th ed. New York: Cosimo Classics, 2009.

[222] Masten S E, Crocker K J. Efficient adaptation in long-term contracts: take-or-pay provisions for natural gas [J]. American Economic Review, 1985, 75 (5): 1083 – 1093.

[223] Ma X, Heerink N, van Ierland E, et al. Land tenure security and land investments in Northwest China [J]. China Agricultural Economic Review, 2013, 5 (2): 281 – 307.

[224] Meyer M, Vickers J. Performance comparisons and dynamic incentives [J]. Journal of Political Economy, 1997 (105): 547 – 581.

[225] Min S, Waibel H, Huang J. Smallholder participation in the land rental market in a mountainous region of Southern China: impact of population aging, land tenure security and ethnicity [J]. Land Use Policy, 2017, 68: 625 – 637.

[226] Mises L V. Human Action: A Treatise on Economics [M]. New Haven: Yale University Press, 1949.

[227] Muth R F. Economic change and rural-urban land conversions [J]. Econometrica: Journal of The Econometric Society, 1961, 29 (1): 1 – 23.

[228] Patrick G F, Blake B F, Whitaker S H. Farmers' goals: uni-or multi-dimensional? [J]. Agricultural & Applied Economics Association, 1983, 65 (2): 315 – 320.

[229] Paulson N, Schnitkey G. Farmland rental markets: trends in contract type, rates, and risk [J]. Agricultural Finance Review, 2013, 73 (1): 32 – 44.

[230] Place F, Roth M, Hazell P. Land Tenure Security and Agricultural Performance in Africa: Overview of Research Metbology [M] //Bruce J W, Migot-Adholla S. Searching for Land Tenure Security in Africa. Dubuque: Kendall/HuntPublishing Company, 1994: 15 – 39.

[231] Popkin S L. The Rational Peasant: The Political Economy of Rural Society in Vietnam [M]. California: University of California Press, 1979.

[232] Power B, Rodriguez D, Devoila P, et al. A multi-field bio-economic model of irrigated grain-cotton farming systems [J]. Field Crops Research, 2011, 124 (2): 171 – 179.

[233] Rey P, Salanie B. Long-term, short-term and renegotiation: on the value of commitment in contracting [J]. Econometrica: Journal of the Econometric Society, 1990, 58 (3): 597 – 619.

[234] Robison L J. An appraisal of expected utility hypothesis tests constructed from responses to hypothetical questions and experimental choices [J]. American Journal of Agricultural Economics, 1982, 64 (2): 367 – 375.

[235] Schultz T W. Transforming Traditional Agriculture [M]. New Haven, Conn: Yale University Press, 1964.

[236] Scott J C. The Moral Economy of the Peasant: Rebellion and Subsistence in Southeast Asia [M]. New Haven: Yale University Press, 1976.

[237] Simon H A. A behavioral model of rational Choice [J]. Quarterly Journal of Economic, 1955, 69: 99 – 118.

[238] Simon H A. An Empirically Based Microeconomics [M]. Milano: Banca Commerciale Italiana, 1997.

[239] Sumpsi J, Amador F, Romero C. On farmers' objectives: a multi-criteria approach [J]. European Journal of Operational Research, 1997, 96 (1): 64 – 71.

[240] Tirole J. Procurement and renegotiation [J]. Journal of Political Economy, 1986, 94 (2): 235 – 259.

[241] Van Dijk T. Scenarios of Central European land fragmentation [J]. Land Use Policy, 2003, 20 (2): 149 – 158.

[242] Wallis J J, North D. Measuring the Transaction Sector in the American Economy, 1870 – 1970 [M] //Engerman S L, Gallman R E. Long-Term Factors in American Economic Growth. Chicago: University of Chicago Press, 1986: 95 – 162.

[243] Wang D. China's urban and rural old age security system: challenges and options [J]. China & World Economy, 2006, 14 (1): 102 – 116.

[244] Williamson O E. The Economic Institution of Capitalism: Firms, Markets and Relational Contracting [M]. New York: Free Press, 1985.

[245] Williamson O E. Transaction cost economics: the governance of contractual relations [J]. Journal of Law and Economics, 1979, 22 (2): 233 – 263.

[246] Wu Y. The pricing mechanism innovation of land remediation in hollow village—investigation and thinking on Houzhai river basin in Guizhou province [J]. Open Journal of Social Sciences, 2017, 5 (9): 196 – 208.

[247] Yang Y. The development of the land lease market in rural China [J]. Land Economics, 2000, 76 (2): 252 – 266.

[248] Yao J. Social benefit evaluation on regional land consolidation based on social security function of land [J]. Asian Agricultural Research, 2009, 1 (2): 37 – 41.

[249] Zou B, Luo B. Why the uncertain term occurs in the farmland lease market: evidence from rural China [J]. Sustainability, 2018, 10 (8): 2813.

[250] Zou B, Mishra A K, Luo B. Aging population, farm succession, and farmland usage: evidence from rural China [J]. Land Use Policy, 2018, 77: 437 – 445.

后　记

　　光阴荏苒，从 2009 年我进入华南农业大学经济管理学院，本硕博连读至今，在这所农业院校度过近乎十年时光。最感激的是罗必良老师，在我准备保研的时候，愿意给我一个跟着他学习的机会。和罗老师一样，我也是农村出来的孩子，对于农村农业有着难以言表的情怀，因此很希望能够跟着他学习，做好农业经济学领域的相关研究，最终能够为农村农业发展尽绵薄之力。从硕士入门，到后面继续攻读博士学位，再到去美国访学交流，这人生路上所前进的每一步，罗老师都功不可没。同时，罗老师还通过言传身教，教导我们怎么为人处世。尤其是科研上，他教导我们要端正学术态度，遵守学术道德，对科研精益求精。

　　本书是在罗必良老师的指导下完成的，感谢他的指导意见。同时，感谢学校为我们提供良好的科研条件，让我能够顺利完成学业。感谢经济管理学院各位老师的帮助，您们不仅让我获得了专业知识，还为我耐心答疑解惑，并在我需要帮忙之际及时提供支持。另外，感谢各位同窗好友、师兄师姐、师弟师妹，您们的帮忙与支持让我能够更好地生活与学习，也让我在求学路上并不孤单。感谢我的家人给予我不断的支持与鼓励，您们是我不断前进的动力。

　　最后，感谢各位老师针对本书提出的修改意见。